Wanda Dammann

Was mir guttut, wenn's mir schlecht geht

Wanda Dammann

Was mir guttut, wenn's mir schlecht geht

Wenn meine Seele Hilfe braucht

KREUZ

MIX
Papier aus verantwortungsvollen Quellen
FSC® C083411

3. Auflage 2014

www.kreuz-verlag.de

Umschlaggestaltung: [rincón]² medien gmbh, Köln
Umschlagmotiv: © Masterfile
Autorenfoto: © privat

Satz: de·te·pe, Aalen
Herstellung: CPI books GmbH, Leck

Printed in Germany

ISBN 978-3-451-61121-6

Inhalt

Vorwort

von Dr. med. G. Eschmann-Mehl

Frau Dammann kenne ich seit mehreren Jahren. Ausgehend von eigenen Erfahrungen hat sie sich auf den Weg gemacht, einen Ratgeber für einen positiven Umgang mit seelischen Belastungen im Alltag zu konzipieren. Sie knüpft dabei direkt an den Bedürfnissen betroffener Menschen an und bietet Hilfestellung in Form von Übungen und Tipps. Hierbei spielt die Haltung der eigenen Achtsamkeit, Wertschätzung und Fürsorge eine ganz besondere Rolle. Der auf diese Weise entstandene Begleiter ist einfühlsam geschrieben, klar strukturiert und überschaubar und eignet sich auch zum schnellen Nachschlagen.

Frau Dammann geht auf Befindlichkeitsstörungen, aber auch auf einzelne Gefühlsqualitäten bzw. deren Missempfindungen ein. Sie zeigt eine Fülle von Möglichkeiten auf, den Alltag durch persönliche Wege der Selbstfindung zu gestalten und zu verbessern, einen positiven Umgang mit Störungen oder Krankheit im Alltag zu finden und zu neuer Lebensfreude zu gelangen – dies besonders im Hinblick auf triggerungsfreie Inhalte.

Gleichzeitig ermuntert sie die Leserinnen und Leser, die Wege der Selbsthilfe auch langfristig zu praktizieren, zeigt im Nachwort jedoch auch die Notwendigkeit auf, sich Hilfestellungen zu holen, wo die Grenzen der Selbsthilfe erreicht sind.

Für betroffene Menschen enthält das Buch viele gute Anregungen und Hilfestellungen. Aber auch für Fachleute im täglichen Umgang mit den Klienten und deren Nöten sind viele hilfreiche Momente enthalten, die in die therapeutische Arbeit einfließen können, ja auch als zusätzliche Empfehlung der Therapeuten an ihre Klienten dienen können.

So wünsche ich dem Buch eine weite Verbreitung und freue mich mit Frau Dammann auf ein zahlreiches Echo hierauf.

Dr. med. G. Eschmann-Mehl

Einleitung

Liebe Leserinnen und Leser, auf unserem Weg durchs Leben gelangen wir immer wieder an Wegkreuzungen, an denen wir uns fragen: Welchen Weg möchte ich gehen? Welcher passt zu mir? Welcher ist der richtige? Was kann ich für mich tun?

Dieses Buch möchte Ihnen dabei helfen, in einer seelisch belastenden Zeit einen guten Weg für sich zu finden. Im Kern geht es dabei um Hilfen der Selbstfindung und Alltagsgestaltung. Die einzelnen Kapitel zeigen Ihnen verschiedene Möglichkeiten auf, wie Sie die Beziehung zu sich selbst aufnehmen und stärken sowie einen wohltuenden Umgang mit inneren Belastungen finden können. Dabei geht es darum, das Leben und auch sich selbst wieder neu zu entdecken sowie den Mut und auch das Selbstvertrauen aufzubauen, den eigenen Weg zu finden und zu gehen.

Es steht Ihnen ein umfangreiches Ideen-Repertoire zur Verfügung, aus dem Sie jene Hilfen auswählen können, mit denen Sie sich wohlfühlen und die zu Ihnen passen. Fühlen Sie sich frei, die Hilfen nach Ihren Vorstellungen zu verändern, und stellen Sie sich im Laufe der Zeit Ihre persönlichen Hilfen zusammen, so dass Sie sich in Ihrem Alltag gestärkt und unterstützt fühlen.

Der Aufbau des Buches ist so gestaltet, dass Sie rasch und gezielt Hilfe finden können. Sie haben die Möglichkeit, direkt zu den Anregungen eines Kapitels zu gehen und dort entsprechende Hilfestellung zu finden. Der begleitende Text hält darüber hinaus weitere Impulse und Hinweise für Sie bereit. Für einen umfassenden Überblick bietet es sich an, auch die thematisch angrenzenden Kapitel zu lesen, da diese sich untereinander ergänzen.

Die Entwicklung dieses Ratgebers geht auf meine eigenen Erfahrungen zurück. In einer intensiven Lebenskrise entstand der Wunsch nach einer triggerfreien* Hilfe-Sammlung, die mir jederzeit zur Verfügung stehen und aus der ich immer wieder neu schöpfen konnte. Mir wurde bewusst, dass es nicht »die« Hilfe gibt, sondern dass ich eine große Anzahl an Hilfen benötigte, um mich in meinem Alltag und auf meinem Weg der Selbstfindung unterstützen zu können. So begann ich damit, mir meine eigenen Hilfen aufzuschreiben. Im Laufe der Zeit entwickelte sich daraus der Gedanke, dass diese Sammlung auch anderen Menschen eine Hilfe sein könnte.

Mit diesem Buch möchte ich Sie ein Stück auf Ihrem Weg begleiten und hoffe, dass Sie aus den zahlreichen Anregungen Impulse für sich finden können, die Sie für sich nutzen und umsetzen können.

Ich wünsche Ihnen von Herzen alles Gute auf Ihrem Weg.

Wanda Dammann

* Trigger sind Reize, die die Erinnerung an ein erlebtes Trauma wieder wachrufen können. Im Falle eines Buches sind dies zum Beispiel bestimmte Wörter, Situationsbeschreibungen sowie Berichte Betroffener.

Ich bin gut, so wie ich bin

Erst wenn der Mensch
in sich selber Frieden
gefunden hat, kann er
darangehen, ihn in der
ganzen Welt zu suchen …
Martin Buber

Eigene Wertschätzung

wertschätzen
würdigen – loben – preisen – anerkennen – hochschätzen – werthalten – bewundern – achten – ehren

Die eigene Wertschätzung hat viel mit dem zu tun, was wir Selbstannahme und Selbstliebe nennen: Wir nehmen uns selber so an, wie wir sind, und mögen uns mit dem, was wir sind, können und haben. Wenn die eigenen Fähigkeiten aufgrund einer Krise eher ab- als zunehmen und der Alltag nur noch mit größter Anstrengung und Konzentration bewältigt werden kann, wird dies zu einer besonderen Herausforderung.

Wenn es Ihnen schwerfällt, wertschätzend mit sich umzugehen, geht es Ihnen wie vielen anderen auch. Insbesondere dann, wenn eine Krise länger dauert, beginnen viele, an sich selbst zu zweifeln. Sie stellen sich in Frage und vergleichen sich mit dem, was früher möglich war oder was andere Menschen leisten. Wer dies tut, arbeitet gegen sich selbst und setzt sich dadurch unter zusätzlichen Druck. Wenn Sie dies von sich kennen, beenden Sie den Kreislauf der eigenen Herabsetzung und beginnen Sie, sich selber zu stärken: Heben Sie all jenes anerkennend hervor, was gegenwärtig in Ihrem Leben vorhanden und möglich ist. Bestärken Sie sich für das, was Sie schon schaffen, und danken Sie Körper, Geist und Seele für alles, was Ihnen möglich ist. Öffnen und weiten Sie Ihren Blick für das gegenwärtig Gute und fördern Sie Ihre innewohnende Kraft und Stärke, indem Sie sich öfter loben und bekräftigen.

Anregung

Seien Sie öfter freundlich zu sich selbst. Würdigen Sie Ihre tagtäglichen Bemühungen und schätzen Sie Ihre kleinen Erfolge. Beginnen Sie, bestehende, negative Gedankenmuster über sich und Ihre Situation so umzuformulieren, dass Sie eine wertschätzende und anerkennende Haltung einnehmen:

Welche Situation belastet mich?
zum Beispiel: Haushaltsführung

Was denke ich dabei über mich?
zum Beispiel: Ich bin zu nichts fähig. Ich kann noch nicht mal den Haushalt vernünftig führen.

Neue, wertschätzende Haltung: Was kann ich? Was ist mir möglich? Was nehme ich wahr?
zum Beispiel: Ich schaffe es, mich um das Essen zu kümmern. Für die anderen Dinge, wie Wäschewaschen, Putzen und Einkaufen, gelingt es mir immer besser, Hilfe und Unterstützung zu holen. Das ist gut!

Wenn Sie anfangs Schwierigkeiten damit haben, freundlich mit sich umzugehen, stellen Sie sich vor, dass Ihnen ein Freund mit Ihren Sorgen und Nöten gegenübersitzt. Was würden Sie diesem sagen, um ihm Mut zu machen und ihn zu stärken? Sagen Sie dann die gleichen Worte zu sich selber!

Beispiele:

Ich kann nicht mehr wandern.	→ ☺	Mir gelingen kurze Spaziergänge!
Ich schaffe es noch nicht mal, ein Wochenende allein zu Hause zu verbringen.	→ ☺	Ich nehme wahr, dass ich mir da noch zu viel zugemutet habe. Aber einen halben Tag schaffe ich schon.
Ich weine ständig und kann mich selber nicht mehr leiden.	→ ☺	Meine Seele macht mich darauf aufmerksam, dass noch viel Traurigkeit in mir ist. Ich brauche noch Zeit zum Trauern.
Auf der Arbeit bringe ich überhaupt nichts mehr zu Stande. Ich fühle mich in der Firma wie zugeschnürt.	→ ☺	Mein Körper gibt mir klare Zeichen. Dank seiner Hilfe kann ich darüber nachdenken, was mich dort einengt, und eine Veränderung anstreben.

Ich kann ...!

Es gibt Zeiten, in denen die Verrichtungen des alltäglichen Lebens sehr schwerfallen oder nicht mehr möglich sind. Das, was zuvor selbstverständlich war, wird plötzlich zu etwas Besonderem: Auto fahren, lesen, Besorgungen machen, Gespräche führen, arbeiten gehen, alleine sein, Freunde besuchen, den Haushalt führen, Lärm ertragen, spazieren gehen, sich um die Kinder kümmern, unter Menschen sein …

Denken Sie in diesen Zeiten daran, dass viele dieser Fähigkeiten nur vorübergehend nicht erreichbar sind und wieder zurückkommen! Und vergegenwärtigen Sie sich, dass all dies einen Sinn hat. Ihr Körper und Ihre Seele senden Ihnen damit Signale, dass sie derzeit überlastet sind und die Energie für innere Prozesse benötigen.

Manche dieser vermeintlich verloren gegangenen Fähigkeiten können auch in anderer Form zu uns zurückkehren. Dies bedeutet, dass manche Fähigkeiten zunächst verloren gehen, um dann an anderer Stelle wieder neu emporzukommen. So kann durch den Verlust des einen Hobbys (wie Marathonlauf) ein neues entstehen (zum Beispiel Qi Gong). Wo etwas wegfällt, entsteht Raum für Neues.

Trotz allem ist die Zeit des empfundenen Verlustes eine Zeit der ständigen Herausforderung. Es ist daher sehr wichtig, sich das Gute vor Augen zu halten. Versuchen Sie, Ihrem Körper und Ihrer Seele für die klaren Signale zu danken, und richten Sie Ihre Aufmerksamkeit auf die Bereiche, die Ihnen derzeit möglich sind.

Anregung

Halten Sie sich jene Fähigkeiten vor Augen, die Ihnen momentan möglich sind. Denken Sie darüber nach, was Sie können! Nehmen Sie sich ein Blatt Papier und notieren Sie sich wenigstens 20 Stichpunkte zu der Frage:

Was kann ich alles?
mich selber ankleiden, telefonieren, gehen, pfeifen, essen, lachen, weinen, schwimmen, Motorrad fahren, Rasen mähen, riechen, kochen, wütend sein, schreiben, lesen, schmecken, Klarinette spielen …

Denken Sie dabei auch an Kleinigkeiten, wie selber essen, sich selber anziehen, singen etc. Wenn Ihnen dies zu banal erscheint, überlegen Sie kurz, wie es wäre, dies nicht zu können – Sie werden sofort den großen Wert Ihres Könnens wahrnehmen. Denn nichts ist »normal«. Alles ist ein Geschenk.

Hängen Sie Ihre zusammengestellte Liste an einen zentralen Ort Ihrer Wohnung – dort, wo Sie sich häufig aufhalten. So können Sie sich immer vor Augen führen, wozu Sie in der Lage sind. Vielleicht fällt Ihnen im Laufe der Zeit immer mehr ein, so dass Ihr Papier schließlich vor Möglichkeiten überquillt. Stärken Sie sich selber, indem Sie sich vor Augen halten, was Sie alles können!

Tipps:

- Ein zentraler Ort der Wohnung kann sein: Kühlschranktür, Badezimmerspiegel, Bett, Pinnwand, PC-Bildschirm, Wohnzimmertür, Küchenfenster, Klavier, Kleiderschrank, Esstisch …
- Wenn Sie mit mehreren Menschen zusammen in einer Wohnung leben und Hemmungen haben, Ihre Notizen offen aufzuhängen, suchen Sie nach einer geschützteren Möglichkeit: Innenseite der Kleiderschranktür, Innenseite des Terminkalenders, Rückseite einer Postkarte, kleine Kiste mit persönlichen Dingen …

Kleine Schritte

Wenn Sie sich auf den Weg gemacht haben, Ihre persönlichen Herausforderungen zu meistern, werden Sie von dem inneren Bedürfnis motiviert, mehr Wohlgefühl und Glück in Ihr Leben zu holen. Vielen fällt es dabei schwer, die nötige Geduld aufzubringen – sie wären gerne schon weiter, besser, erfolgreicher und selbstbewusster.

Machen Sie sich bewusst, dass Sie sich derzeit in einer besonderen Situation befinden: Sie werden im Augenblick noch stark gefordert, sind aber auf dem Weg, sich innerlich weiterzuentwickeln. Dies ist eine große Aufgabe, die Geduld, Zeit und Kraft erfordert. Das, was früher selbstverständlich war, wie das Planen und Verfolgen langfristiger Ziele oder auch das Wissen um eigene Fähigkeiten und Möglichkeiten, kann dabei zum Balanceakt geraten. Versuchen Sie, sich mit Ihrer gegenwärtigen Situation anzufreunden, indem Sie sich das Voranschreiten in kleinen Schritten zugestehen. Schenken Sie sich die nötige Zeit, um sich auf das veränderte Tempo von Körper, Geist und Seele einzustellen, und haben Sie Geduld mit sich. Bleiben Sie mit Ihren Gedanken in der Gegenwart und schauen Sie, was Ihnen im Hier und Jetzt möglich ist. Nutzen Sie dabei die Sicherheit, die sich aus kleinen Schritten ergibt! Wer große Schritte macht, kann auch größere Rückschläge erleiden. Stärken Sie Ihre Zuversicht, indem Sie Ihren Blick auf die kleinen Erfolge richten und sich auf nahe Ziele und Zwischenetappen konzentrieren. Heißen Sie Ihre kleinen Schritte willkommen, denn auch sie führen schließlich zum Ziel!

Anregung

Machen Sie sich Ihre kleinen Fortschritte zum Freund und erinnern Sie sich immer wieder daran, dass auch kleine Schritte ihr Gutes haben! Nachfolgende Gedanken helfen Ihnen dabei:

Es ist gut, im Hier und Jetzt zu bleiben.
Ich gehe Schritt für Schritt voran und bleibe in der Gegenwart. Ich schaffe es immer besser, nicht ständig darüber nachzudenken, was ich in sechs Monaten wieder können und leisten möchte, sondern bleibe bei dem, was mir heute möglich ist.

Kleine Ziele und Zwischenetappen sind gut.
Ich setze mir kleine, erreichbare Ziele. Ich öffne meinen Blick für das, was mir möglich ist, und kann mich dadurch selber bestärken. Ich fühle mich immer sicherer.

Kleine Schritte geben mir Sicherheit und Beständigkeit.
Das, was ich an kleinen Fortschritten erreiche, kann ich besser beibehalten, und Rückfälle fallen entsprechend kleiner aus. Da ich mich nur wenig von meinem Ausgangspunkt entferne, habe ich eine stabilere Basis.

Ich bin gut, so wie ich bin!
Das, was ich heute bin und kann, ist gut so. Ich bin genau richtig, so wie ich jetzt bin. Und ich habe das Vertrauen, dass mich auch kleine Erfolge zum Ziel führen.

Kleine Ziele

... Frühstück machen
... einen Arztbesuch bewältigen
... ein wichtiges Gespräch führen
... den Einkauf erledigen
... sich verabreden
... einen Brief beantworten
... jemanden nach Hause einladen
... eine kleine Strecke mit dem Auto fahren
... einen Kurs besuchen
... sich Zeit für die Kinder nehmen
... einen Termin absagen
... eine Stunde arbeiten
... Pausen auf der Arbeit einrichten
... einen Spaziergang machen
... jemandem ein Bedürfnis mitteilen
... zum Sport gehen
... kochen
... einige Tage wegfahren
... ins Theater gehen
... etc.

Den Prozess annehmen

Jeder, der die Herausforderung annimmt, an sich selbst zu arbeiten, kennt die Höhen und Tiefen, die ein solcher Weg mit sich bringt: Auf der einen Seite gibt es Fortschritt und Weiterentwicklung, auf der anderen Seite aber auch Gefühle der Stagnation, des inneren Chaos und des Rückschritts. Bei diesem Auf und Ab werden die inneren Ressourcen, wie Geduld, Ausdauer und Kraft, auf eine harte Probe gestellt. Versuchen Sie trotz allem, die Schwankungen Ihres Weges und auch sich selbst so anzunehmen, wie Sie sind – mit allen Stärken und Schwächen. Sie sind gut, so wie Sie sind!

Denken Sie daran, dass alle Phasen Ihrer Entwicklung einen Sinn haben. Dieser erschließt sich Ihnen womöglich nicht immer und auch nicht sofort, aber wenn Sie sich genau beobachten, werden Sie im Laufe der Zeit sensibler für Ihre Empfindungen und können Regelmäßigkeiten feststellen. Mit zunehmender Erfahrung werden Sie sowohl den Beginn als auch die Bedeutung der einzelnen Phasen bewusster wahrnehmen. Beides wird Ihnen helfen, immer besser mit Ihrem eigenen Prozess umgehen zu können und sich daran zu erinnern, dass nach einem Tief auch wieder ein Hoch folgt! Dies wird Ihren Prozess des Annehmens wesentlich erleichtern und Ihnen dabei helfen – statt Verzweiflung und Resignation –, Gefühle von Sehnsucht, Hoffnung und Vertrauen in den Mittelpunkt zu rücken.

Die nachfolgenden Anregungen helfen Ihnen dabei, einen neuen Blickwinkel einzunehmen. Überprüfen Sie, inwiefern Sie sich darin wiederfinden. Vielleicht entdecken Sie auch eine andere Wahrheit für sich. Verlassen Sie sich auf Ihr Gefühl – es wird Ihnen mitteilen, was für Sie stimmig ist.

Anregung

Jede Phase Ihres Prozesses hat einen tieferen Sinn – auch Stillstand, inneres Chaos und Rückschritt. Die einzelnen Phasen verstehen sich als Ausgleichsbewegungen, die Sie wieder in Ihre Mitte und damit langfristig zu mehr Wohlgefühl führen:

Stagnation → Phase der energetischen Sammlung

- Stillstände zeigen sich oft vor einer Veränderung und Weiterentwicklung.
- Ihr Körper sammelt seine Energien, um einen neuen Entwicklungsschritt einleiten zu können. Unterstützen Sie ihn darin, indem Sie Körper, Geist und Seele mit allem, was Ihnen guttut, nähren. Freuen Sie sich darauf, dass es danach wieder vorwärtsgeht!

Inneres Chaos → Phase der Neuordnung

- Neue Erkenntnisse und Erfahrungen, aber auch das Aufgeben alter Denk- und Verhaltensmuster führen zu einer Veränderung innerer Strukturen. Diese Veränderung muss nicht bewusst sein – Körper, Geist und Seele leiten diese Phase der inneren Neuordnung von selber ein.
- Warten Sie diese Zeit geduldig ab und freuen Sie sich auf mehr Klarheit, die sich anschließend daraus ergibt!

Rückschritt → Phase der Ruhe und Erholung

- Rückschritte zeigen sich oft nach Überforderungen. Schenken Sie sich die nötige Zeit und Ruhe, die Sie zur Erholung benötigen. Gehen Sie besonders achtsam mit sich um und füllen Sie Ihre Kraftreserven, so gut es Ihnen möglich ist, wieder auf.
- Manchmal vereinen sich in Rückschritten auch alle drei Phasen auf einmal – nämlich dann, wenn eine neue, schwer zu verarbeitende Erkenntnis gemacht wurde. Akzeptieren Sie, dass die Verarbeitung Zeit braucht. Und seien Sie zugleich sicher, dass Sie dies in Ihrer inneren Entwicklung einen guten Schritt nach vorne bringen wird.

Vom Wert der Gefühle

Wenn angenehme Gefühle in uns auftauchen, wissen wir schnell um deren Wert, denn sie bewirken eine innere Leichtigkeit und Unbeschwertheit. Häufig sind dies zum Beispiel Gelassenheit, Geborgenheit, Freiheit, Freude und Liebe. Was aber ist mit belastenden Gefühlen, die wir lieber unterdrücken und verdrängen, statt sie zuzulassen und uns anzuschauen? Worin kann der Wert von Angst, Trauer, Verlassenheit, Einsamkeit, Wut oder auch Enttäuschung liegen?

Gefühle sind die fühlbare Resonanz der Seele auf innere und äußere Anlässe. Ihre Seele gibt Ihnen eine direkte Rückmeldung darüber, inwieweit Ihre Gedanken, Worte, inneren Bilder (innere Anlässe) und erlebten Situationen (äußere Anlässe) mit Ihrem persönlichen Seelenplan harmonieren: Tritt etwas ein, was mit Ihren Bedürfnissen harmoniert, spüren Sie angenehme Gefühle, liegt eine Abweichung vor, nehmen Sie eher unangenehme Gefühle wahr. Ihre Gefühle sind daher wichtige Wegweiser zu Ihren tiefer liegenden Bedürfnissen.

Gerade dann, wenn bestimmte Gefühle immer wieder an die Oberfläche gelangen, ist dies ein sicheres Zeichen dafür, dass noch unverarbeitete Erlebnisse und Empfindungen darauf warten, gesehen und gegebenenfalls aufgearbeitet zu werden. Finden Sie heraus, warum Sie sich beispielsweise traurig oder wütend fühlen. Was ist geschehen? Welches Bedürfnis wurde womöglich verletzt oder nicht genügend beachtet? Wenn Sie beginnen, Ihre belastenden Gefühle zuzulassen, sie zu ergründen und damit verbundene Erlebnisse zu verarbeiten, wird es Ihnen auf Dauer leichter fallen, Ihre Gefühle zu verstehen und sie in einem weiteren Schritt loszulassen.

Anregung

Nehmen Sie die Zeichen Ihrer Seele wahr und ernst. Hören Sie auf die Botschaften Ihrer Gefühle und geben Sie sich die Chance, innerlich zu wachsen und sich weiterzuentwickeln.

Nachfolgende Gedanken helfen Ihnen dabei, sich für die hilfreichen Seiten Ihrer Empfindungen zu öffnen:

Meine Gefühle sind eine gute Hilfe.
Meine Gefühle sind wie ein inneres Barometer für mich. Sie zeigen mir, wie ich mich mit Gedanken, Handlungen, Situationen und Menschen fühle. Meine Gefühle sind Angebot und Aufforderung zugleich, mich mit mir selbst auseinanderzusetzen.

Ich nehme meine Gefühle wahr.
Ich nehme mir Zeit, um innerlich ruhig zu werden, und frage mich: »Wie geht es mir gerade? Wie fühle ich mich?« Wenn ich viele Gefühle wahrnehme, bin ich dabei, mich für meine innere Gefühlsvielfalt zu öffnen. Ich nehme einfach nur wahr, was da ist – ohne zu bewerten.

Ich lausche der Botschaft meiner Gefühle.
Ich frage meine Gefühle nach ihrer Botschaft: »Was möchtet ihr mir mitteilen?« und lausche auf die Antworten, die aus meinem Inneren kommen. Ich kann auch schrittweise fragen, beispielsweise: »Warum fühle ich mich unsicher? Welche Wünsche und Bedürfnisse stehen dahinter? Was kann ich tun, damit es mir besser geht?«

Meine Gefühle weisen mir den Weg.
Dank meiner Gefühle nehme ich wahr, wie sich verschiedene Wege für mich anfühlen. Ich nehme meine Gefühle und die dahinter liegenden Bedürfnisse ernst und handele entsprechend. So gelingt es mir, immer besser für mich zu sorgen.

Das innere Kind

Die Kindheit ist für jeden Menschen eine sehr wichtige Lebensphase. Sie enthält grundlegende, prägende Erfahrungen, die wohltuend, aber auch belastend gewesen sein können und die auch noch Jahre und Jahrzehnte später die eigenen Gefühle, Gedanken und Handlungen beeinflussen. Manche dieser Erfahrungen liegen im Bewusstsein, andere im Unterbewusstsein. Wenn wir vom »inneren Kind« sprechen, meinen wir damit alle unsere kindlichen Erfahrungen und Bedürfnisse, die wir immer noch in uns tragen. Diese Erinnerungen können sich sowohl auf geistiger Ebene zeigen (Gedanken, Glaubenssätze) als auch auf emotionaler (Gefühle) und körperlicher Ebene (Körperhaltung, Verspannungen, Empfindungen).

Auf dem Weg der eigenen Heilung kommen wir oftmals mit den verletzten und vernachlässigten Seelenanteilen unserer Kindheit in Kontakt und beginnen damit, uns dieser wieder bewusst zu werden. Bei der Heilung des inneren Kindes geht es darum, dass wir jene Anteile bewusst annehmen, mit denen wir uns früher nicht genügend wahrgenommen fühlten und die mehr oder eine andere Aufmerksamkeit sowie Hilfe und Schutz gebraucht hätten. Dabei ist nicht entscheidend, wie die Außenwelt eine Situation einst erlebt haben mag, sondern einzig und allein unser damaliges bzw. jetzt wieder erinnertes kindliches Empfinden und Erleben.

Wenn Sie sich bewusst machen, dass Sie heute erwachsen sind und sich von Ihrer kindlichen Abhängigkeit gelöst haben, können Sie sich selber um Ihre bedürftigen kindlichen Anteile kümmern. Schenken Sie sich selber jene Zuwendung und Hilfe, die Sie sich immer gewünscht haben, und holen Sie das nach, was früher nicht möglich war. Auf diese Weise können Sie Ihre verletzten und vernachlässigten Seelenteile nach und nach stärken und stabilisieren sowie die Beziehung zu sich selbst vertiefen.

Anregung

Welche Bedürfnisse und Sehnsüchte aus Ihrer Kindheit sind immer noch in Ihnen lebendig? Nehmen Sie Ihre bedürftigen Anteile mit in den Alltag und kümmern Sie sich liebevoll darum. Seien Sie sich selbst ein guter Freund und Verbündeter:

Was habe ich als Kind vermisst?
Was hätte ich gebraucht?

Umarmung, Liebe, Trost, Schutz, Geborgenheit, Lob, Anerkennung, das Gefühl, wichtig zu sein, Zeit, Fehler machen dürfen, ein Zuhause, Freunde, ein eigenes Zimmer, mich dreckig machen dürfen …

Was kann ich heute für mich tun?

Ich nehme mein Bedürfnis wahr und kümmere mich darum, etwa durch Handlung, innere Bilder, inneren Dialog (s. Beispiel im Kasten).

Beispiel: Geborgenheit erfahren

Handlung: Kleine Inseln der Geborgenheit schaffen: zum Beispiel um eine Umarmung bitten, sich jemandem anvertrauen, einen persönlichen Rückzugsbereich in der Wohnung ermöglichen, sich mit Dingen umgeben/Situationen schaffen, die Geborgenheit vermitteln (wie Kerzen, Decke, schöne Musik, Zusammensein mit Freunden, gemütlicher Abend allein zu Hause).
Innere Bilder: Sich im Geiste vorstellen, dass man als Kind genau das erfährt, was man sich immer gewünscht hat: zum Beispiel für etwas gelobt oder in den Arm genommen werden, liebevolle Aufmerksamkeit und Zuwendung erhalten (von Eltern/Oma/Tier/Engel/sich selber als erwachsener Person).
Innerer Dialog: Liebevoll mit dem Kind in sich sprechen und fragen, wie es ihm geht und was es braucht. Aufmerksam zuhören und sagen, dass man jetzt für es da ist.

Sich etwas Gutes tun

»Sich etwas Gutes tun« hat viel damit zu tun, die Beziehung zu sich selbst positiv zu gestalten – dazu gehört, die eigenen Bedürfnisse, Wünsche und Vorlieben wahrzunehmen, sich selbst wichtig zu nehmen und für sich selber da zu sein. Manchmal genügt dafür schon ein kurzer Augenblick von wenigen Minuten, und manchmal bedeutet dies, sich mehr Zeit für sich zu nehmen.

Das »Gute« umfasst dabei alles, was Ihr Wohlbefinden unterstützt und fördert. Das kann eine Tasse Kaffee am Morgen sein, ein Gespräch mit einem Freund, ein Besuch im Thermalbad, eine Tour mit dem Auto oder auch das Essen eines leckeren Tortenstücks. Alles, was Sie als heilsam, angenehm, segensreich, wohltuend, lustig, erfrischend, kräftigend, anregend oder beruhigend erleben, kann »gut« für Sie sein. Was das genau ist, können nur Sie selbst herausfinden. Begeben Sie sich daher auf Ihre persönliche Wohlfühl-Suche und schenken Sie Ihren Bedürfnissen und Vorlieben große Aufmerksamkeit – denn wenn Sie wissen, was Sie wünschen, brauchen und mögen, können Sie sich viel eher etwas Gutes tun!

Vielleicht fällt Ihnen bei Ihrer Suche nicht sogleich eine lange Liste von Ideen ein, aber sicherlich kommt Ihnen eine einzige Idee – eine ganz kleine, die den Anfang macht. Und morgen denken Sie noch mal darüber nach und haben wieder eine kleine Idee und in einer Woche noch eine ... Auf diese Weise sammeln Sie nach und nach viele Ideen, die Ihnen wohltun, und erstellen sich so Ihr eigenes Repertoire, aus dem Sie immer wieder schöpfen können. Machen Sie sich dabei unabhängig von gesellschaftlichen Ansichten, was »man« tut, wenn man sich etwas Gutes tun möchte – wenn Sie es lieben, sich nachts um drei Uhr einen Wecker zu stellen, um die nächtliche Stille zu genießen und einen Kaffee zu trinken, dann tun Sie das!

Anregung

Gehen Sie mit offenen Augen und Ohren durch die Welt und sammeln Sie vielfältige Möglichkeiten, wie Sie Ihr Wohlbefinden unterstützen können. Begeben Sie sich auf Ihre persönliche Entdeckungsreise:

Was tut mir gut?
Was beschwingt mich? Was gibt mir Kraft? Was freut mich? Was lässt mich durchatmen? Was bringt mich auf positive Gedanken? Was lenkt mich ab? Was lässt mich erholen? Was stärkt mich? Was erfrischt mich? Was bringt mich zum Lachen? …

Bauen Sie sich auf Ihrem Weg immer wieder kleine Lichtblicke ein, die Ihnen die Zeit verschönern, erleichtern und angenehmer gestalten. Das Kapitel »Schönes im Terminkalender« (S. 44) zeigt Ihnen Möglichkeiten auf, wie Sie sich daran erinnern können, diese positiven Seiten regelmäßig in Ihren Alltag einzubauen. Gönnen Sie sich selber etwas Gutes und signalisieren Sie sich dadurch immer wieder:

Ich mag mich.
Ich bin es mir wert.
Ich bin wichtig.

Tipp:
Damit Sie sich auch an den Tiefpunkten Ihres Weges an Ihre gesammelten Eingebungen erinnern können, empfiehlt es sich, diese schriftlich festzuhalten. Wenn Sie das nächste Mal einen Impuls verspüren, sich etwas Gutes zu tun, aber keine Idee haben, was dies sein könnte, können Ihnen Ihre Aufzeichnungen sicherlich weiterhelfen …

- Freunde einladen
- baden
- Massage gönnen
- Blumen kaufen
- Lieblingspullover tragen
- Wohlfühl-Ort aufsuchen
- mit jemandem reden
- Streuselkuchen essen
- Milchkaffee trinken
- länger schlafen
- Jazz-Musik hören
- Ausflug planen

Wege zur Freude

Freude ist eine Empfindung, die direkt aus dem Herzen kommt. Sie ist eine Botschaft der Seele, dass wir etwas tun oder erleben, was uns guttut und uns entspricht. In manchen Lebensphasen verlieren wir jedoch das Gefühl für die Freude, weil belastende Themen in den Vordergrund treten.

**Wo sich Schweres zeigen darf,
findet auch Freude wieder ihren Platz im Leben.**

Geben Sie Ihren inneren Belastungen den Freiraum, sich zeigen und ausdrücken zu dürfen: Suchen Sie sich einen Menschen, dem Sie sich anvertrauen können, lassen Sie Ihre Tränen fließen … Dies entlastet die Seele von ihrem inneren Druck und hilft dabei, das Schwere loszulassen und Platz für Leichtes zu schaffen.

Neben der Auseinandersetzung mit persönlichen Belastungen ist es zugleich wichtig, dass Sie sich immer wieder auch auf freudvolle Situationen ausrichten! Freude lässt sich weder beschleunigen noch erzwingen, aber sie lässt sich einladen. Öffnen Sie Ihrer Freude daher Tür und Tor, indem Sie sich immer wieder bewusst darauf ausrichten.

Anregung
Ebnen Sie sich den Weg zur Freude, indem Sie folgende Gesichtspunkte in Ihr Leben einbeziehen:

Positive Erlebnisse schaffen & bewusst machen

❖ Sammeln Sie die angenehmen Augenblicke eines Tages: Legen Sie sich morgens beispielsweise einige Büroklammern in Ihre Hosentasche und lassen Sie für jede schöne Situation eine Klammer in die andere Hosentasche wandern. Abends können Sie Ihre Klammern hervorholen und die schönen Momente Revue passieren lassen. Denken Sie auch daran, dass es viel Freude bereitet, andere Menschen zu beglücken – ein Kompliment, ein Lächeln … Gemeinsame Freude ist doppelte Freude!

- Gestalten Sie sich einen Sternenhimmel: Besorgen Sie sich Sterne, die Sie an die Wand neben Ihrem Bett kleben können, etwa selbstklebende Leuchtsterne oder gebastelte aus Tonpapier. Kleben Sie nun für jedes schöne Erlebnis, zum Beispiel ein Treffen mit Freunden oder ein Konzertabend, einen Stern an Ihre Wand und schauen Sie zu, wie Ihr Sternenhimmel immer größer wird. Schlafen Sie in dem Bewusstsein ein, dass die schönen Momente Sie auch weiterhin begleiten.
- Richten Sie sich eine »Freude-Kasse« ein: Legen Sie darin etwas Geld zur Seite, das Sie nur zu Ihrer Freude ausgeben dürfen – für ein leckeres Stück Kuchen, tolles Duschgel, extragroßen Milchkaffee, ein Buch, der Besuch einer Ausstellung, Freibad oder Ähnliches. Seien Sie es sich wert!
- Weitere Anregungen finden Sie im Kap. »Das Gute sammeln und bewahren«, S. 29 ff.

Freude als Prozess

- Zu Anfang ist es ganz natürlich, dass Freude nur vom Verstand her wahrgenommen werden kann und dass das Empfinden dafür erst mit der Zeit zurückkehrt. Vertrauen Sie darauf, dass Ihr Gefühl für Freude eines Tages wieder ein fester Bestandteil Ihres Lebens sein wird. Dies kann sogar schon sehr bald geschehen – vielleicht erleben Sie ja heute noch einen Moment, in dem Sie Freude wahrnehmen können!

Tipp:
Persönliche Neigungen herausfinden: Unterstützen Sie Ihren Weg der Freude, indem Sie sich auf die Suche nach Ihren Vorlieben, Bedürfnissen, Träumen und Wünschen begeben. Je mehr Sie über sich wissen, desto besser können Sie Ihr Leben derart gestalten, dass Sie sich damit wohlfühlen (s. Kap. »Sich wieder wohlfühlen können«, S. 47 ff).

Das Gute sammeln und bewahren

Jeder Augenblick,
den du bewusst lebst,
gehört dir.

Kurt Haberstich

Gute Gedanken

»Gute Gedanken« begegnen uns überall: in einem Gespräch, in Büchern, in der Zeitung, in einem Kalender, in Liedern, in einem Bild, in Meditationen, als innere Eingebung ... – wir müssen lediglich offen dafür sein!

Gute Gedanken sind wohltuende Gedanken. Wir finden uns in ihnen wieder und fühlen uns verstanden. Sie berühren uns, bauen auf und sprechen Mut zu. Sie können helfen, den nächsten Schritt zu tun oder den jetzigen leichter zu bewältigen. Manchmal gibt es Gedanken, die tiefe Sehnsüchte und Hoffnungen ansprechen, so dass zunächst die Tränen kommen. Doch wenn die gelesenen oder auch gehörten Gedanken wirklich gut für uns sind, vermitteln sie uns auch immer ein tröstendes und heilsames Gefühl, so dass unsere Zuversicht gestärkt und unterstützt wird.

Beginnen Sie, nach aufbauenden und mutmachenden Gedanken Ausschau zu halten! Richten Sie Ihre Aufmerksamkeit auf jene Gedanken, die Ihnen persönlich guttun. Am leichtesten gelingt dies, wenn Sie Ihren inneren Impulsen folgen – lesen Sie Bücher, sprechen Sie mit Menschen und besuchen Sie Veranstaltungen, zu denen Sie sich hingezogen fühlen! Sie werden sehen, dass Sie dadurch automatisch mit jenen Menschen und Situationen in Kontakt kommen, die zu Ihnen passen und die Ihnen entsprechende Impulse geben können.

Sobald Sie auf Gedanken treffen, mit denen Sie sich verbunden fühlen und die Sie als förderlich und unterstützend empfinden, halten Sie diese schriftlich fest und erstellen Sie sich daraus eine persönliche Sammlung. Auf diese Weise können Sie sich jederzeit mit Ihren guten Gedanken verbinden und neue Kräfte tanken.

Anregung

Welche Gedanken sprechen Sie an und stärken Sie? Gehen Sie aufmerksam durch Ihren Alltag und erspüren Sie, mit welchen Worten Sie in Resonanz gehen:

Wo begegne ich guten Gedanken?
Gespräche, eigene Impulse, Vorträge, Filme, Reportagen, Zeitschriften, Veranstaltungen, Bücher, Lieder, Gedichtbände, Kalender, Gebete, Sinnsprüche, Affirmationen, Meditationen …

Wie kann ich mir diese guten Gedanken erhalten?
Gedanken für den eigenen Bedarf aufschreiben/kopieren und in einem Heft notieren, in eine Datei oder auf (Kartei-) Karten schreiben, in einer Zettelbox sammeln, ins Tagebuch schreiben, einrahmen und in der Wohnung aufhängen, auf die Fensterbank stellen, in einem Ordner sammeln, Kalender erstellen, an die Pinnwand heften …

Mit ein wenig Fantasie und kleinen Zukäufen können Sie sich Ihre Erinnerungshilfen selber erstellen: Nehmen Sie dafür einfach alte Schachteln, Schuhkartons, Ordner und Hefte und bekleben Sie diese mit schönem (Geschenk-)Papier oder Stoff. Karteikarten können aus Tonpapier oder Fotokarton zurechtgeschnitten werden. Auf diese Weise entstehen wunderschöne Karteikartenhalter, Zettelboxen, Erinnerungskisten, Ordner und Notizbücher!

Tipp:
Besonders schön ist es, wenn Sie sich aus Ihren gesammelten Gedanken und Texten eine »Gute-Gedanken-Kartei« für Ihr Bett oder Wohnzimmer erstellen. Dann können Sie jeden Tag und jede Nacht mit einem guten Gedanken beginnen. Vielleicht möchten Sie auch zwischendurch einfach eine Karte ziehen – sozusagen als Motto des Tages oder der Woche – und sich verstärkt darauf ausrichten. Viel Spaß dabei!

Notizbuch des Glücks

Sicherlich haben Sie schon mal Situationen erlebt, in denen Sie dachten: »Oh, tut das gut!« – und haben es mit einem wohligen Seufzer begleitet. Naturgemäß erleben wir dies immer dann, wenn etwas unser Herz berührt und eine tiefe Sehnsucht in uns angesprochen wird – nach Liebe, Anerkennung, Aufmerksamkeit oder Erfüllung: Das können die Worte eines Menschen sein, der uns sagt, wie sehr er uns mag, ein Kompliment, eine gute Nachricht, Wünsche, die uns mit auf den Weg gegeben werden, eine nette SMS oder auch ein Naturschauspiel. Das Besondere an diesen Momenten ist, dass sie unvorhergesehen eintreten und uns überraschen – ein Highlight des Alltags!

Wenn wir solche Glücksmomente erleben, erinnern wir uns gerne daran zurück und genießen die angenehmen Gefühle, die erneut in uns aufleben: Freude, Leichtigkeit, Dankbarkeit, Liebe, Stolz, Erleichterung. Die Erinnerung hilft uns dann, innerlich wieder weit zu werden und das Glück erneut zu spüren – wir blühen wieder auf und beginnen innerlich zu strahlen!

Machen Sie sich bewusst, dass Sie mit Hilfe Ihrer Gedankenkraft angenehme Gefühle in sich wachrufen können! Allein die Erinnerung an ein schönes Ereignis genügt, um Ihre guten Gefühle wieder hervorzuholen. Da die Erinnerungen jedoch häufig mit der Zeit verblassen oder auch in Vergessenheit geraten, ist es nützlich, sich die schönen Erlebnisse in einem kleinen Notizbuch zu notieren. Dieses können Sie dann jederzeit als Erinnerungshilfe heranziehen, um sich erneut mit Ihren wohltuenden Gefühlen zu verbinden. Gerade in anstrengenden Lebensphasen kann dies ein heilsamer Lichtblick sein, der dabei hilft, ein wenig leichter durch die schwierige Zeit zu kommen.

Da sich die besonderen Momente des Glücks selten planen lassen, können Sie sich im geduldigen und freudigen Warten üben – mal geschieht ein halbes Jahr lang nichts, und dann wieder ereignen sich fünf schöne Dinge auf einmal. Freuen Sie sich einfach über das, was Sie schon erlebt haben, und seien Sie auf das gespannt, was da noch kommen mag.

Anregung

Sammeln Sie Ihre persönlichen Glücksmomente in einem kleinen »Notizbuch des Glücks«. Legen Sie sich einen Speicher mit guten Gefühlen an, mit dem Sie sich auch noch Monate und Jahre später verbinden können! Halten Sie nach Momenten Ausschau, die Ihrem Herzen und Ihrer Seele guttun:

Persönliche Glücksmomente …

Lob, Komplimente, Zuspruch, Freude, Liebe, Fügungen, Hilfe, Umarmungen, (Natur-)Erlebnisse, Aufmerksamkeit, freundliche Worte, Karten, Briefe …

… kommen von Herzen und gehen zu Herzen.

Wenn sich bei Ihnen gerade nichts Besonderes ereignet, denken Sie daran, dass es mindestens genauso schön ist, anderen eine Freude zu machen! Schenken Sie Aufmerksamkeit, machen Sie Komplimente, verschenken Sie Blumen, helfen Sie anderen Menschen, sagen Sie jemandem für etwas »Danke!« oder auch, wie gern Sie ihn haben … Machen Sie anderen eine Freude und Sie werden genau dieselbe Freude in sich spüren.

Tipp:

Besonders schöne und auch ausgefallene Notizbücher finden Sie in Buch- und Geschenkartikelläden. Gönnen Sie sich eines, das Ihnen gut gefällt und das Sie gerne in die Hand nehmen – dann wird schon der Gedanke an Ihr Erinnerungsbuch zu etwas Schönem.

Dankbarkeit

»Danke!«

Freude, Erleichterung, Glück, seliges Empfinden, Hingabe, Rührung, Wärme, Offenheit – all dies können wir empfinden, wenn wir von Herzen dankbar sind oder uns gegenüber Dankbarkeit gezeigt wird.

In schwierigen Zeiten geht das tiefe Empfinden für die Dankbarkeit manchmal verloren, und es fällt schwer, die positiven Aspekte des Lebens wahrzunehmen. Begeben Sie sich in diesen Zeiten bewusst auf die Suche nach positiven Augenblicken und heißen Sie das Gute in Ihrem Leben willkommen! Das können sowohl momentane Erlebnisse sein, wie der freundliche Gruß einer Nachbarin, als auch dauerhafte Begebenheiten, zum Beispiel eine schöne Wohnung. Öffnen Sie sich für das Gute und geben Sie Ihrer Dankbarkeit genügend Raum, damit sie sich entfalten kann.

Vielleicht sind die Bereiche erst ganz klein, für die Sie danken können. Je mehr Sie jedoch Ihre Aufmerksamkeit auf das Schöne und Gute richten, desto feinfühliger werden Sie diesbezüglich und desto mehr Situationen werden Sie erleben, in denen Sie Dankbarkeit empfinden können. Dabei geht es nicht um den Gedanken »Ich müsste dankbar sein für …«, sondern um das tatsächliche Gefühl, das von Herzen kommt. Zwingen Sie sich nicht zur Dankbarkeit. Nehmen Sie das an, was gerade da ist, und seien Sie einfach offen für weitere Anlässe.

Nehmen Sie sich bewusst Zeit, um sich mit Ihrem Gefühl der Dankbarkeit zu verbinden. Wählen Sie dabei zwischen einem inneren Ausdruck, wie still zu sich selber oder auch mit Gott sprechen, und einem äußeren Ausdruck, zum Beispiel den Dank einer Person gegenüber zeigen. Ausgedrückte Dankbarkeit zieht weitere Freude nach sich und ermöglicht es, dass das eigene Gefühl der Dankbarkeit länger und intensiver erlebt wird. Folgen Sie Ihren inneren Impulsen und Bedürfnissen und haben Sie ein offenes Herz für alles Gute!

Anregung

Bereichern Sie Ihren Alltag, indem Sie sich die kleinen und großen Wunder des Lebens bewusst machen. Vermehren Sie Ihr Gefühl der Dankbarkeit, indem Sie ihm einen Ausdruck geben:

Wofür bin ich von Herzen dankbar?

gut geschlafen, Blumen auf der Fensterbank, ein freundliches Wort, ein Lächeln, gute Nachricht erhalten, freundliche Menschen, Sonnenschein, Zeit für ein langes Frühstück, Freude beim Sport, schöner Spaziergang, ein Tag schmerzfrei, gutes Gespräch, unterstützender Partner, fester Arbeitsplatz, liebevolles Haustier, Anruf eines Freundes, eine Umarmung …

Wie kann ich meine Dankbarkeit ausdrücken?

in Gedanken aussprechen, Gott/Engel/Universum danken, eine Kerze anzünden, tanzen, singen, malen, vor Freude juchzen, einer Person für etwas danken, Blumen schenken, Dankeskarte schreiben, ein Lächeln, über die eigene Dankbarkeit sprechen, Freude zeigen, liebevolle Gedanken schicken, jemanden umarmen …

Wenn Sie die Dankbarkeit als Ritual in Ihren Tagesablauf integrieren möchten, können Sie dies morgens vor dem Aufstehen oder abends vor dem Einschlafen tun. Sprechen Sie einfach laut oder in Gedanken zu sich, wofür Sie dankbar sind: »Ich bin dankbar für …«, »Danke, dass …« – so können Sie jeden Tag und jede Nacht mit guten Gedanken beginnen.

Tipp:
Erstellen Sie sich eine Liste, in der Sie alles sammeln, wofür Sie dankbar sind. Erweitern Sie Ihre Sammlung nach und nach und erinnern Sie sich so immer wieder an die guten Seiten Ihres Lebens.

Erinnerungsbrief

Sicherlich haben Sie schon die Erfahrung gemacht, dass Ihre eigene Befindlichkeit mehr oder weniger starken Schwankungen unterliegt. Da gibt es Hochphasen, in denen Sie aufleben, neuen Mut fassen und hoffnungsvoll in die Zukunft blicken, und es gibt Tiefphasen, in denen gefühlsmäßig alles über Ihnen zusammenbricht und Sie sich entmutigt und am Ende Ihrer Kräfte fühlen.

Erleichtern Sie sich die Überwindung der Tiefphasen, indem Sie sich einen eigenen Erinnerungsbrief schreiben: Erinnern Sie sich in diesem Brief an alles, was Ihnen in schwierigen Zeiten schnell abhandenkommt und in Vergessenheit gerät. Helfen Sie sich, diese Zeit leichter zu bewältigen und neue Zuversicht zu erlangen. Weisen Sie sich auf Ideen, Übungen, Gedanken und auch Personen hin, die Ihnen schon mal geholfen oder gutgetan haben, finden Sie aufbauende Worte und machen Sie sich Mut. Rufen Sie sich Ihre persönlichen Hilfen in Erinnerung und unterstützen Sie dadurch Ihre Handlungsfähigkeit. Auf diese Weise können Sie aufkommenden Ängsten entgegenwirken und sich den Blick für das Gute und bereits Erreichte erhalten.

Am leichtesten gelingt das Schreiben eines Erinnerungsbriefes, wenn Sie ihn in einer für Sie besseren Zeit schreiben; denn dann ist es leichter, den Blick auf das Gute zu richten und sich an Hilfen zu erinnern.

Sie werden merken, dass allein schon das Vorhandensein Ihres Briefes eine größere Sicherheit in Ihnen auslösen wird! Denn es sind Ihre eigenen mutmachenden Gedanken und Hilfestellungen, die Ihnen dabei helfen, sich wieder an den ruhigen, sicheren und hoffnungsvollen Part in Ihnen zu erinnern und sich mit ihm zu verbinden.

Anregung

Schaffen Sie sich mit Ihrem Erinnerungsbrief einen guten Anker, der Sie in belastenden Zeiten an all das erinnert, was Sie in dem Moment brauchen können – Zuversicht, Ermutigung, gute Gedanken, hilfreiche Übungen etc.:

Erinnern Sie sich an …

… das **Vertrauen**, dass die schwere Zeit vorübergeht und es wieder besser wird.
… **Hilfen**, die Ihnen schon mal nützlich waren (Erdungsübungen, Gespräche, Ablenkung, Spaziergang, Atemübungen etc.).
… **schöne Momente**, um sich mit guten Gefühlen zu verbinden (gemütlicher Abend, schöner Spaziergang, Erlebnis mit Freunden, Erfolg bei der Arbeit etc.).
… möglicherweise **wiederkehrende Auslöser** für Ihr Tief (Vollmond, Regelzyklus, Nachwirkung einer Behandlung, bestimmte Personen/Gespräche etc.) – so eine Erkenntnis lässt den Zyklus vom Kommen und Gehen einer anstrengenden Phase leichter nachvollziehen und aushalten.
… **beruhigende Wörter/Sätze**, die Sie innerlich wiederholen können (Alles ist gut. Ich bin in Sicherheit. Das Universum/Gott sorgt für mich etc.).
… eine **Kleinigkeit**, die Ihnen guttut. Fügen Sie diese Ihrem Brief bei (Geschichte, Gedicht, Spruch, Bild, Foto, Talisman etc.).

Tipp:
Sie können sich auch einen Erinnerungsbrief für eine spezielle Situation schreiben, beispielsweise für die Zeit im Flugzeug, Krankenhaus, vor einer Prüfung oder einem wichtigen Gespräch. Passen Sie dann die Übungen und Hilfen der jeweiligen Situation und Ihren Bedürfnissen an.

Buch der positiven Seiten

Immer wieder gibt es Zeiten, in denen der Alltag nur mit größter Kraftanstrengung bewältigt werden kann und die erlebte Zeit als so anstrengend empfunden wird, dass erfreuliche Ereignisse nicht als solche wahrgenommen und erlebt werden können.

In diesen Phasen hilft es, wenn Sie sich ein »Buch der positiven Seiten« anlegen: Sammeln Sie in diesem Notizbuch alle Erlebnisse, die Ihnen in irgendeiner Weise positiv erscheinen. Wenn Sie zurzeit Freude empfinden können, ist das eine gute Hilfe, aber es genügt auch, wenn Sie vom Verstand her wissen, dass Sie etwas erleben, was Sie als gut, positiv, hilfreich oder dergleichen bezeichnen würden. Wichtig ist der Wunsch, Positives in Ihrem Leben zu entdecken, und die Bereitschaft, sich vermehrt darauf auszurichten.

In der Regel genügt es, die positiven Erlebnisse in Form von Stichpunkten aufzuschreiben. Bei einem plötzlichen Kälteeinbruch im Sommer könnte dies vielleicht lauten: »gemütlichen Winterpulli rausgeholt« oder auch »heißen Apfelstrudel gebacken«. Sie werden merken, dass es auf Ihren Blickwinkel ankommt, was Sie als positiv betrachten und erfahren. Versuchen Sie, das Beste aus der Situation zu machen und Ihr Interesse auf die positiven Anteile zu richten. Auf diese Weise werden Sie nach und nach wieder ein Gefühl für das Gute und Angenehme entwickeln und wieder Freude empfinden können – sogar in Situationen, die auf den ersten Blick nachteilig erscheinen.

Auch, wenn es zunächst schwer sein mag, die positiven Aspekte eines Tages zu entdecken, bemühen Sie sich darum, jeden Tag wenigstens zwei bis drei Begebenheiten aufzuschreiben. Sie werden merken, dass es Ihnen dabei helfen wird, den Blick auf das Gute zu richten und Ihre Offenheit für positive Erlebnisse zu bewahren und neu zu entdecken.

Anregung

Lassen Sie Ihr »Buch der positiven Seiten« zu einem täglichen Begleiter werden, der Sie dazu ermuntert, die guten Dinge wahrzunehmen und willkommen zu heißen:

Was war heute positiv?

Freunde zu Besuch, Sonnenschein, Regen, früher frei gehabt, Einkauf schnell erledigt, nette Kassiererin, Vogelgezwitscher, pünktlich zum Termin gekommen, ein Flirt, schöne Musik gehört, Fotos angeschaut, alleine gewesen, ruhig geblieben im Konfliktgespräch, Pause während der Arbeit, netter Anruf, im Café gewesen, Einladung erhalten, besser geschlafen …

Richten Sie Ihre Aufmerksamkeit auf das, was gut gelaufen ist und was Ihnen möglich war. Entdecken Sie die positiven Aspekte alltäglicher Begebenheiten und vermehren Sie diese, indem Sie sich zunehmend darauf ausrichten.

Beispiele: Ideen für positive Anteile bei zunächst nachteiligen Erlebnissen

Regenguss, bis auf die Haut durchnässt	→ ☺	hatte Zeit für ein warmes Bad und heißen Tee/hab den Regen auf der Haut genossen
Auto kurz vor Termin defekt	→ ☺	konnte Termin verschieben/hab noch die Bahn bekommen
langweiliger Tag	→ ☺	hatte mehr Energie zur Verfügung, als ich verbraucht habe/Zeit für mich
beruflich sehr eingespannt	→ ☺	konnte mir eine Pause freischaufeln/hab viel erledigen können/hab heute mal »nein« gesagt!

Gute Gefühle erinnern

Gute Gefühle können jederzeit aufgefrischt und neu belebt werden – dazu bedarf es lediglich der Erinnerung. Schauen Sie sich einmal in Ihrer Wohnung um, mit welchen Erinnerungen Sie sich umgeben: Welche Gegenstände und Accessoires haben einen Platz bei Ihnen gefunden? Was empfinden Sie, wenn Sie diese anschauen oder in die Hand nehmen? Freude, Glück, Leichtigkeit, Frieden, Wärme, Dankbarkeit?

Genauso wie es Menschen gibt, die uns guttun, so gibt es auch Erinnerungsstücke, die uns guttun. Das können Mitbringsel aus dem Urlaub sein, eingerahmte Fotos, Postkarten und Briefe von lieben Menschen oder auch Eintrittskarten kultureller Veranstaltungen – das hängt ganz von Ihren persönlichen Erfahrungen und Vorlieben ab.

Umgeben Sie sich in Ihrem Zuhause mit Erinnerungen, die Ihnen guttun! Sobald Sie sich damit verbinden, nehmen Sie automatisch den Kontakt zu den dazugehörigen Gefühlen auf und stärken dadurch Ihr Wohlbefinden. Sogar ohne eine direkte Zuwendung haben diese Andenken eine positive Wirkung auf Ihr Befinden, denn Ihr Unterbewusstsein nimmt deren Präsenz in Ihrer Umgebung wahr. Deswegen ist es so wichtig, dass Sie sich mit schönen Dingen umgeben! Gestalten Sie Ihr Zuhause daher bewusst mit Gegenständen und Accessoires, die Sie wieder in Kontakt mit Ihren positiven Gefühlen bringen. Suchen Sie nach Anknüpfungspunkten zu Erlebnissen, die Ihnen viel bedeutet haben und aus denen Sie gestärkt hervorgegangen sind.

Manche Zeitabschnitte bringen eine besonders große Fülle an positiven Erinnerungen mit sich. Wenn Sie den Wunsch verspüren, diese Erinnerungen gesammelt aufzubewahren, können Sie sich eine Erinnerungskiste zusammenstellen. Diese können Sie dann nach Belieben hervorholen und in schönen Erinnerungen schwelgen.

Anregung

Stöbern Sie in alten Erinnerungen und spüren Sie Situationen auf, in denen Sie sich wunderbar gefühlt haben! Verankern Sie dieses Gefühl in der Gegenwart, so dass Sie sich immer wieder gestärkt fühlen:

Wann habe ich mich (besonders) gut gefühlt?
Urlaub, Abenteuer, Geburt des Kindes, besonderer Ort, verliebt gefühlt, berufliche Erfolge, Ausübung eines Hobbys, Zusammensein mit einem besonderen Menschen, Ausflug, Gespräche, Brief erhalten …

Wie kann ich mich wieder mit dem Gefühl verbinden?
Fotos aufhängen, Film anschauen, Musik hören, Gericht kochen, Erinnerungsstück anschauen/in die Hand nehmen, Brief oder Karte lesen, Geschichte lesen, Erinnerungskiste hervorholen, Duft versprühen, bestimmten Ort aufsuchen, Aktivität ausführen …

Weitere Ideen …

… Fotos von einem schönen Urlaub oder einem Menschen, der am Herzen liegt
… Lebkuchenherz von der Kirmes, auf dem etwas Nettes steht
… Postkarte, die ein lieber Mensch geschickt hat
… Mitbringsel von der Lieblingsinsel
… Weltkarte, auf der Ihre Reisen mit entsprechenden Fotos vermerkt sind
… Kalender, der Sie an eine schöne Zeit erinnert
… ein Foto von Ihnen, auf dem Sie glücklich sind
… ein Foto von Ihnen, auf dem Sie stolz in die Kamera blicken, weil Sie eine besondere Leistung vollbracht haben (Bergbesteigung, Prüfung bestanden, gerade Vater geworden etc.)
… Schmuckstück einer Person tragen, mit der Sie gute Gefühle verbinden
… religiöses Symbol aufstellen/aufhängen

Jahreskalender

Der Jahreskalender bietet Ihnen eine wunderbare Möglichkeit, schöne Erlebnisse, Unternehmungen und Begebenheiten in kreativer Weise festzuhalten. Gerade dann, wenn eine schwierige Zeit für Sie ansteht oder Sie das Gefühl haben, dass Sie nur wenig Schönes erleben, kann der Jahreskalender eine gute Hilfe für Sie sein, um …

… den Blick auf das Gute zu richten.
… sich Schönes in Erinnerung zu rufen.
… Ausschau nach schönen Erlebnissen zu halten.
… angenehme Erlebnisse selber zu arrangieren.

Bei dem Jahreskalender handelt es sich um einen Wandkalender, der jeden Monat eine freie, noch zu gestaltende Seite für Sie bereithält – Sie können ihn aus Tonpapier oder Fotokarton selber gestalten oder auch als fertigen »Bastelkalender« in einem Schreibwaren- oder Bastelladen kaufen. Schreiben, malen oder kleben Sie in Ihrem Kalender alles auf, was Sie an Schönem und Angenehmem erleben oder sich gönnen: eine neue Pflanze, einen schönen Spaziergang, eine Verabredung, die Eintrittskarte eines Museums, eine gemalte Kaffeetasse zur Erinnerung an eine nette Zeit im Café etc.

Auf diese Weise erinnert Sie Ihr Jahreskalender an alle schönen Momente und bringt mehr Freude in Ihr Leben. Hängen Sie Ihren – zunächst noch leeren – Kalender einfach in die Wohnung und beginnen Sie mit den ersten Eintragungen, sobald Ihnen danach ist! Schon nach wenigen Wochen werden Sie erstaunt sein, wie voll Ihr Kalender geworden ist, und nach Ablauf eines Jahres haben Sie sich einen wunderbaren Rückblick auf Ihre vergangene Zeit geschaffen. Sie halten dann einen positiven Gegenpol zu der ansonsten oft anstrengenden Zeit in Ihren Händen, der Ihnen helfen wird, auch weiterhin Ihren Blick für das Gute und Schöne zu bewahren.

Anregung

Welche schönen Begebenheiten hat es schon in diesem Monat für Sie gegeben? Haben Sie eine Postkarte geschickt bekommen, Zeit für Ihr Hobby gefunden oder ein Frühstück besonders genossen? Sammeln Sie alle Ihre schönen Erlebnisse und lassen Sie Ihrer Kreativität freien Lauf. Genießen Sie das Gefühl der wachsenden Erkenntnis, dass Ihr Jahr mit viel mehr schönen Situationen gespickt ist, als Sie selber vermuteten:

Januar – Februar – März – April – Mai – Juni – Juli – August – September – Oktober – November – Dezember

Bei der Wahl eines Kalenders sind Datum und Wochentage nicht wichtig. Bedeutsam ist einzig und allein, dass Sie genügend Platz zur freien Gestaltung Ihrer Notizen haben.

Beispiele:

... schönes Telefonat, Eisessen, wunderbarer Sonnentag, Gitarre gespielt, tolle CD entdeckt, Saunabesuch, nettes Gespräch, Radtour, Gartenarbeit, Freunde besucht, alleine ins Café getraut, Picknick, Kino, Kaffeetrinken, Workshop besucht, gemeinsamer Fußballabend, Fotokurs, Ausschlafen mit Frühstück im Bett, Bummel über den Weihnachtsmarkt, Urlaub, Massage gegönnt, Ausflug, Familienfeier, ganzen Tag im Schlafanzug verbracht und viel gelesen, Biergarten ...

Schönes im Terminkalender

Die meisten Menschen besitzen heutzutage einen Terminkalender, in dem sie Termine, Verabredungen, wichtige Erinnerungen und berufliche Angelegenheiten notieren. Schauen Sie sich einmal Ihren eigenen an – inwieweit spiegelt er Ihnen neben Pflichtterminen auch Ihre angenehmen Erlebnisse wider? Können Sie auf einen Blick erkennen, wie häufig Sie etwas für sich tun, was Ihr Wohlbefinden stärkt?

Mit der leicht anwendbaren Methode des Markierens können Sie sich darin unterstützen, mehr auf Ihr Wohlbefinden zu achten. Wählen Sie hierfür zunächst einen Schwerpunkt aus, der Ihnen für Ihr Wohlbefinden momentan besonders wichtig erscheint: Was würde Ihnen zurzeit guttun? Welchem Aspekt Ihres Lebens würden Sie gerne eine größere Aufmerksamkeit widmen? (zum Beispiel häufiger Sport treiben, Freunde treffen, Zeit für ein Hobby nehmen)

Sobald Sie sich für einen Schwerpunkt entschieden haben, widmen Sie diesem vermehrte Aufmerksamkeit, indem Sie entsprechende Zeiträume und Gelegenheiten dafür einplanen. Vermerken Sie sich jene Zeiten mit einer Notiz in Ihrem Terminkalender und markieren Sie diese auffallend, zum Beispiel farbig oder mit einem bestimmten Zeichen, das geht in digitalen Kalendern ebenso wie in traditionellen Papierkalendern. Auf diese Weise können Sie sich auch über einen längeren Zeitraum hinweg einen guten Überblick darüber verschaffen, ob Sie Ihrem Bedürfnis genügend Raum gegeben haben und weiterhin geben.

Im Laufe der Zeit verändern sich die Bedürfnisse für gewöhnlich. Formulieren Sie in diesen Fällen einfach neue Ziele und verfolgen diese so lange weiter, bis Sie eine erneute Veränderung vornehmen möchten. Die besondere Hervorhebung durch das Markieren können Sie so lange fortführen, bis Sie sich nicht mehr daran zu erinnern brauchen, das Gute und

Schöne in Ihren Tagesablauf zu integrieren; denn dann ist es zu einem selbstverständlichen Teil Ihres Lebens geworden.

Anregung

Lassen Sie Ihren Terminkalender zu einem Feedback-Instrument werden, das Ihnen anzeigt, wie viel Raum Sie Ihren persönlichen Bedürfnissen geben. Erforschen Sie Ihre momentanen Bedürfnisse und suchen Sie nach Möglichkeiten, diese umzusetzen:

Welchem Bereich meines Lebens möchte ich mehr Aufmerksamkeit widmen?

Ernährung, Gesundheit, Sport/Bewegung, Familie/Partnerschaft, Freunde, Umgang mit anderen, Hobby, Ruhe/Entspannung …

Was genau möchte ich mir vornehmen?

Häufiger, täglich, wöchentlich, dreimal pro Woche, einmal pro Monat …

… Sport treiben, mich verabreden, Freunde einladen, einen Kurs besuchen, eine kleine Auszeit nehmen, spazieren gehen, eigene Bedürfnisse äußern, Zeit mit der Familie/den Kindern verbringen, kochen, lesen, kulturelle Veranstaltungen besuchen, mir mal nichts vornehmen …

Wählen Sie zunächst nur einen Schwerpunkt aus und schauen Sie, wie Sie mit der Verwirklichung Ihres Vorhabens zurechtkommen. Bei zwei oder mehr Schwerpunkten ist es wichtig, dass Sie diese in Ihrem Terminkalender unterschiedlich markieren, denn nur so bleibt eine gute Übersicht gewährleistet.

Sich wieder wohlfühlen können

Wer bin ich?
Was mag ich?
Was tut mir gut?

Ich werde es herausfinden!

Ich mag …

… dich!
… Hunde.
… Apfelstrudel.
… Schnee.

Jeder von uns hat persönliche Vorlieben, doch in Krisenzeiten, wenn sich unser Erleben und Empfinden verändern, wandeln sich häufig auch unsere Neigungen. Dies kann sowohl für zwischenmenschliche Beziehungen gelten als auch für Situationen, Gegenstände, Nahrungsmittel und dergleichen. Sie bekommen dann eine andere Bedeutung und Gewichtung: Begeben wir uns immer noch gerne unter viele Menschen oder ziehen wir es vor, im kleinen Kreis etwas zu unternehmen? Schauen wir uns tatsächlich noch gerne Krimis an oder würde uns ein Liebesfilm mit Happy End besser gefallen? Möchten wir wirklich in die Ferne verreisen oder möchten wir lieber zu Hause bleiben bzw. in der Nähe Urlaub machen? Über alle diese Fragen lohnt es sich, nachzudenken; denn letztlich können wir uns das Leben nur dann angenehmer und schöner gestalten, wenn wir über unsere ganz persönlichen Vorlieben Bescheid wissen.

Die Auseinandersetzung mit den eigenen Vorlieben hat daher sehr viel mit der eigenen Beziehungsgestaltung zu tun. Es geht darum, sich selbst wieder besser kennenzulernen und die Beziehung zu sich selbst zu stärken:

Sich Zeit nehmen,
sich selbst zuhören,
offen für neue Erfahrungen sein,
schöne Momente und Erlebnisse planen,
sich selbst wichtig nehmen.

Anregung

Kommen Sie Ihren Vorlieben wieder auf die Spur. Wählen Sie spontan fünf der genannten Stichworte aus und notieren Sie dazu ebenso spontan Ihre Vorlieben – vielleicht haben Sie auch Lust, sich eigene Bereiche auszudenken. Beachten Sie, dass es hier nicht unbedingt um Gewohnheiten geht, sondern um tatsächliche Vorlieben! Nur, weil Sie zum Beispiel häufig Joggen gehen, muss das nicht auch Ihr Lieblingssport sein ... Also – wen oder was mögen Sie wirklich gerne:

Vorlieben ...

- Wohlfühlorte
- Künstler
- Pflanzen
- Farben
- Möbel
- Vereine
- Bücher
- Musik
- Städte
- Urlaubsorte
- Unternehmungen, tagsüber
- Unternehmungen, abends
- Entspannungsmöglichkeiten
- Badezusätze/Duschgel
- Restaurants/Cafés/Kneipen
- Zeitschriften/Zeitungen
- Sportarten (aktiv/passiv)
- Wetterbedingungen
- Tätigkeiten/Hobbys
- Länder/Sprachen
- Autos
- Hunderassen
- Kinofilme
- Fernsehsendungen
- Wohlfühlkleidung
- Museen
- Musikinstrumente
- warme Getränke
- Brotsorten
- ...

Erweitern Sie Ihre Vorlieben-Liste nach Wunsch. Vielleicht bekommen Sie ja auch Lust, etwas Neues auszuprobieren: ein anderes Duschgel, eine neue Brotsorte, Besuch eines Sprachkurses, veränderter Tagesablauf ... Folgen Sie Ihren Ideen, die Ihnen spontan kommen, und lassen Sie Ihre Vorlieben zu einem festen Bestandteil Ihres Alltags werden. Gönnen Sie es sich! Probieren Sie sich aus und entdecken Sie alte und neue Seiten an sich.

Bedürfnisse erkennen

Bedürfnisse sind klare Wegweiser für uns. Sie machen uns darauf aufmerksam, dass es Aspekte in unserem Leben gibt, die uns stärken, stützen und unser Wohlbefinden fördern können. Dies kann ein Bedürfnis nach Nähe sein, wenn wir uns einsam fühlen, ein Bedürfnis nach Ruhe, wenn wir Stress empfinden oder auch ein Bedürfnis nach Offenheit und Verständnis, wenn wir ein Gespräch führen.

Gerade in Krisenzeiten fällt es jedoch oft schwer, die eigenen Bedürfnisse zu erkennen. Es bedarf dann eines äußeren Impulses, um sich darüber wieder bewusst zu werden. Diese Bewusstwerdung ist ein wichtiger Schritt auf dem Weg zu mehr Wohlgefühl; denn sie ermöglicht es, sich gezielt auf die Erfüllung der eigenen Bedürfnisse auszurichten und die Kräfte dahingehend zu bündeln. Die in der Anregung aufgeführte Zusammenstellung hilft Ihnen dabei, Klarheit über Ihre momentanen Bedürfnisse zu bekommen. Es handelt sich dabei um einen Weg, der vornehmlich über die Verstandesebene läuft. Wenn Sie sich einen intuitiven Weg der Kontaktaufnahme mit Ihren Bedürfnissen wünschen, finden Sie diesen im Kap. »Was braucht mein Herz jetzt?«, S. 52, beschrieben.

Anregung

Klären Sie Ihre momentane Bedürfnislage. Wie fühlen Sie sich? Welchen Wunsch tragen Sie in sich? Welche Sehnsucht verspüren Sie? Nehmen Sie alle Ihre Bedürfnisse ernst – auch die kleinen! Sie sind ein wichtiger Teil von Ihnen und zeigen Ihnen, wer Sie sind und wer Sie sein können:

Wonach sehne ich mich?
Welches Bedürfnis nehme ich in mir wahr?

Erholung, Gemeinschaft, Nähe, Selbstverwirklichung, Austausch, Kreativität, Klarheit, Trost, Abwechslung, Bewegung, Ablenkung, Leichtigkeit, Positivität, Verständnis, Vertrauen, Offenheit, Aufrichtigkeit, Freiheit, Freude, Geborgenheit, Wärme, Zugehörigkeit, innere Ruhe …

Was genau bedeutet das für mich? Vielleicht …

Erholung: mehr Zeit für mich, Entspannung lernen, in die Natur gehen;
Leichtigkeit: lachen können, etwas Schönes unternehmen, Abstand gewinnen;
Kreativität: etwas Neues ausprobieren, Wohnung umgestalten, Kurs besuchen;
Gemeinschaft: Partnerschaft, Zusammensein mit Freunden, neue Kontakte knüpfen, Gleichgesinnte kennenlernen …

Was kann ich tun,
damit mein Wunsch Wirklichkeit wird?

spontane Ideen umsetzen, persönlichen Handlungsplan schreiben, mit anderen Menschen darüber reden, Workshop besuchen, Gleichgesinnte treffen und gemeinsam Ziele verwirklichen, im Internet recherchieren, etwas zum Thema lesen …

Es ist ganz natürlich, dass manche Bedürfnisse schwerer umzusetzen sind als andere. Seien Sie geduldig mit sich. Es geht darum, dass Sie den ersten Schritt tun. Und das tun Sie bereits dadurch, dass Sie sich Ihr Bedürfnis bewusst machen! Hierdurch entwickelt sich bereits eine neue Ausrichtung in Ihnen, die Sie in die gewünschte Richtung führen wird. Durch aktives Tun, Offenheit und Aufmerksamkeit können Sie diesen Prozess nun wirksam unterstützen.

Was braucht mein Herz jetzt?

Die Frage »Was braucht mein Herz jetzt?« ist die Königsdisziplin unter allen Fragen. Sie führt direkt in den Kern Ihrer Seele und hilft dabei, Antworten auf die Frage zu finden, was Ihr Wohlbefinden unterstützen kann. Wenn Sie lernen, die Antworten auf diese Frage aus Ihrem Inneren hochsteigen zu lassen, und auch lernen, diese wahrzunehmen, zu verstehen und umzusetzen, dann sind Sie in Ihrer Mitte und können bereits sehr viel für sich tun. Bis es so weit ist, vergeht häufig einige Zeit, denn es bedarf der Übung, um die sanften Antworten von Herz und Seele wahrnehmen und verstehen zu lernen. Unterstützen Sie sich in Ihrer Entwicklung, indem Sie sich immer wieder …

- … Ihre Vorlieben, Bedürfnisse, Wünsche und Träume bewusst machen.
- … darin üben, auf Ihre innere Stimme zu hören – auch bei kleineren Tagesanlässen (s. »Intuition trainieren«, S. 130).
- … Ihre Befindlichkeit bewusst machen: »Wie fühle ich mich in diesem Moment? Was nehme ich wahr?«

Im Laufe der Zeit wird sich Ihr Bewusstsein dadurch weiterentwickeln. Es wird feiner und sensibler werden, so dass Sie Ihre Bedürfnisse immer klarer vernehmen können.

Anregung

Kommen Sie zunächst innerlich zur Ruhe, um sich auf die sanften und feinen Botschaften Ihrer Seele ausrichten zu können. Atmen Sie einige Male ruhig ein und aus und schließen Sie, wenn Sie möchten, Ihre Augen. Richten Sie anschließend Ihre Aufmerksamkeit auf Ihr emotionales Herz und Ihre Seele. Befragen Sie Ihr Inneres:

Was braucht mein Herz jetzt?
Diese Frage vereint viele andere Fragen in sich, wie: Was würde ich jetzt am liebsten tun? Wonach sehne ich mich? Was brauche ich jetzt? Welchen Wunsch, welches Bedürfnis habe ich? Was würde mir guttun?

Ihre Seele teilt sich Ihnen über Gefühle, Empfindungen, Worte oder innere Bilder mit. Nehmen Sie die erste Eingebung wahr, die sich Ihnen noch während oder unmittelbar nach der Fragestellung zeigt, und lassen Sie sich von Ihrer inneren Weisheit führen.

Zu Anfang kann es eine Herausforderung sein, den Verstand dabei auszuschalten und die Sprache der Seele wahrzunehmen. Sie erkennen die Sprache der Seele daran, dass diese immer liebevoll und sanft mit Ihnen spricht. Sie baut niemals Druck auf oder sagt, dass Sie etwas tun »müssen«. Sie bietet Ihnen lediglich ihre Hilfe an und schenkt Ihnen einen Impuls – in Liebe und Sanftheit.

Beispiele für Seelenantworten

intuitive Eingebung		mögliche Interpretationen
Gefühl von Ruhe	→	Treffen absagen, bestimmten Ort verlassen, Musik ausstellen
inneres Bild von Natur	→	spazieren gehen, malen, Picknick im Grünen
Bewegungsbedürfnis	→	erneutes Nachspüren: »Was kann das sein?« (schwimmen, spazieren gehen, radfahren …)
Erinnerung an ein Lied	→	Lied hören, mit dem Gefühl verbinden, tanzen
Gedanke an einen liebevollen Menschen	→	diesen anrufen, sich verabreden
die Farbe »Gelb«	→	Licht und Wärme spüren, an die frische Luft gehen

Wieder Kind sein

In jedem von uns wohnt noch das kleine Kind von früher, das ganz bestimmte Wünsche und Vorlieben hat. Können Sie sich noch daran erinnern, welche Vorlieben Sie damals hatten? Was hat Ihnen Freude bereitet? Was hat Ihnen Spaß gemacht?

Wenn wir heranwachsen und älter werden, treten unsere kindliche Spontaneität und Impulsivität häufig zugunsten eines vernunftmäßigen Verhaltens zurück. Bevor wir dann unsere kindlichen Impulse ausleben, stellen wir sie in Frage: »Kann ich das machen? Bin ich dafür nicht zu alt? Das ist doch nur was für Kinder!« So unterdrücken wir häufig unsere Eingebungen und übersehen dabei, dass wir damit einen unmittelbaren, freudvollen Ausdruck unseres Selbst verhindern. Es ist ein Ausdruck des Kindes in uns, das einfach Spaß haben möchte!

Erlauben Sie sich einfach mal, Ihren kindlichen Impulsen nachzugehen. Überwinden Sie Ihre Hemmungen und lassen Sie vermeintliche Normen beiseite, was »man« als Erwachsener macht bzw. nicht macht. Geben Sie dem Kind in sich Raum zur Entfaltung und holen Sie sich für einen Moment Ihre kindliche Freude, Leichtigkeit und Unbeschwertheit zurück – leben Sie im Hier und Jetzt! Kaufen Sie sich ein Kinderbuch, lassen Sie einen Luftballon steigen, balancieren Sie auf Mauern, breiten Sie die Arme im Wald aus und juchzen Sie laut … Tauchen Sie ein in eine Welt kindlichen Erlebens und baden Sie in Genuss und Lebensfreude!

Anregung

Lassen Sie sich von Ihrem inneren Kind an die Hand nehmen. Folgen Sie seinen Ideen und lassen Sie sich überraschen, wie viel Freude und Spaß es in Ihr Leben bringt! Integrieren Sie seine Lebendigkeit und lernen Sie von seiner Kreativität, Spontaneität und seinem Ideenreichtum:

Welche spontanen Impulse nehme ich in mir wahr? Wozu habe ich Lust?

- mit Gummistiefeln durch Pfützen springen
- nassregnen lassen
- ein großes Eis essen
- in den Zoo gehen
- jemandem sagen, dass ich ihn nett finde
- Jojo, Seifenblasen, Murmeln kaufen
- juchzen, singen
- Brause essen oder Esspapier
- Vögel beobachten, Tiere füttern
- laut schreien (geht besonders gut im Auto!)
- Gänseblümchen pflücken
- Stofftier kaufen
- kuscheln
- fremde Hunde streicheln
- Tag im Schlafanzug verbringen
- Lutscher lutschen
- in einen Berg aus Laub legen und in den Himmel schauen
- Blätter hochwerfen und auf mich regnen lassen
- mir selber eine Gute-Nacht-Geschichte vorlesen
- das kleine Feuerwehrauto kaufen, das ich früher immer so gerne haben wollte
- Kinderbücher lesen, Kinderfilme schauen, Kinderkassetten hören

Vielleicht verspüren Sie auch den Wunsch, an einen Ort Ihrer Kindheit zu fahren, an dem Sie gerne gewesen sind: das Haus der Großeltern, eine bestimmte Stelle am Fluss, ein Baum etc. Vertrauen Sie sich Ihrer Kinderseele an und lassen Sie sich seine Welt zeigen.

Düfte

Gibt es einen Duft, den Sie lieben? Ein bestimmtes Parfüm, frischgebackenes Brot, gebrannte Mandeln von der Kirmes, Kaminfeuer, Erdbeeren …? Vielleicht erinnern Sie sich auch an einen Duft aus Ihrem Urlaub, den Sie gerne wieder aufleben lassen würden – den Geruch des Meeres, des Weins, der Pinienwälder, der Gewürze …

Düfte haben einen starken Bezug zu unseren Gefühlen und eignen sich gut dazu, unser Wohlbefinden zu unterstreichen. Sobald wir mit angenehmen Düften in Resonanz gehen, spüren wir dies auf körperlicher und seelisch-emotionaler Ebene: Wir können uns leichter, wohliger, wärmer und freudiger fühlen. Umgeben Sie sich daher hin und wieder mit einem guten Duft, der ein Wohlgefühl in Ihnen auslöst!

Anregung

Welche Düfte zaubern ein Lächeln auf Ihr Gesicht? Welche lassen Sie tief durchatmen oder entspannen? Machen Sie sich das Zusammenwirken von Düften und angenehmen Gefühlen zu Nutze und begeben Sie sich auf die Suche nach Ihren persönlichen Wohlfühldüften:

Was rieche ich gerne?
Obst, Getränke, warme Speisen, Gewürze, Tee-/Kaffeesorten, Duftöle, Räucherstäbchen, Körperpflegeprodukte, Blumen, Sträucher, frisch gemähtes Gras, Heu, Holz, Leder, Bücher …

Es kann auch schön sein, mit einem Duft die Erinnerung an einen netten Menschen oder ein schönes Erlebnis wieder wachzurufen. Auch das Aufsuchen bestimmter Orte kann wohltun:

Wo/Bei wem fühle ich mich wohl? Wie riecht es dort?
Lieblingsseife der Oma, »Urlaubsdüfte«, Massageöl des Wellness-Studios, Rasierwasser des Partners, Wochenmarkt, Bäckerei, Rosengarten, Wald …

Wenn Sie einen Wohlfühlduft für sich entdeckt haben, können Sie diesen immer wieder in Ihren Alltag einfügen: Führen Sie ein kleines Duftfläschchen mit sich oder suchen Sie einen bestimmten Ort auf, verwenden Sie ein ausgewähltes Körperpflegeprodukt, verteilen Sie einen Duft im Raum, backen oder kochen Sie Ihre Lieblingsspeisen … Gönnen Sie es sich. Verbinden Sie sich immer wieder mit Ihren Lieblingsdüften.

Tipp:
Auf der Suche nach angenehmen Düften können Sie die große Angebotsfülle der Geschäfte nutzen: Durchstöbern Sie Blumenläden, Gewürzregale, Parfümerien, Bäckereien, Cafés, Drogerien, Märkte, Werkstätten, Autohäuser etc. Zusätzlich bieten viele Bioläden und Reformhäuser eine große Auswahl an naturreinen Duftölen an, die zumeist auch ausprobiert werden können.

Wärme

Viele Menschen machen die Erfahrung, dass die eigene Körperwärme ein zentraler Bestandteil des Wohlbefindens ist. Wer eine angenehme Körpertemperatur hat, kann seine Muskeln besser lockern, leichter entspannen, ist aufgeschlossener gegenüber Bewegung sowie anderen Aktivitäten und zeigt sich auch geistig aufnahmebereiter.

Gerade dann, wenn wir uns nicht gut fühlen, tendieren wir jedoch dazu, uns innerlich zurückzuziehen. Damit einher geht oft auch ein Rückzug auf körperlicher Ebene – wir bewegen uns weniger und die Wahrnehmung unserer Bedürfnisse nimmt ab, auch die des Wärmebedürfnisses. So kann es sein, dass wir den Tag oder auch die Nacht frierend verbringen und Schwierigkeiten damit haben, etwas daran zu ändern.

Unterstützen Sie Ihren Körper in diesen Phasen darin, Ihre persönliche Wohlfühlwärme zu entwickeln, indem Sie sich folgende Schritte wieder ins Bewusstsein holen:

1. Wahrnehmung eigener Bedürfnisse: »Ist mir angenehm warm?«
2. Kenntnis verschiedener Hilfen: »Was kann ich tun?«
3. Handlungsumsetzung: »Das mache ich jetzt!«

Gehen Sie bei Bedarf Ihre einzelnen Körperpartien durch, um Klarheit über Ihr Wärmebedürfnis zu bekommen: Füße, Beine, Bauch, Rücken, Schultern, Arme, Hände, Hals, Kopf. Auch Verspannungen können ein Hinweis darauf sein, dass Wärme benötigt wird. Überprüfen Sie stetig Ihr Wärmebedürfnis, damit Sie den achtsamen Umgang mit sich und Ihrem Körper wieder einüben und Ihre neue Achtsamkeit fest in Ihrem Bewusstsein verankern können. Dafür eignet sich zum Beispiel ein Zettel, auf dem Sie ein Stichwort notieren und den Sie gut sichtbar in Ihrer Wohnung aufhängen. Sobald Sie die einzelnen Bewusstseinsschritte wieder verinnerlicht haben, erübrigt sich Ihre Erinnerungshilfe; dann gelingt die Selbstfürsorge wieder automatisch.

Anregung

Achten Sie verstärkt auf das Wärmebedürfnis Ihres Körpers. Was brauchen Sie, um sich angenehm warm fühlen zu können?

Wärmende Maßnahmen

Kleidung & Accessoires

Pullover, Daunenweste, Fleecejacke, Pulswärmer, fingerlose Handschuhe, lange Unterwäsche, Schal, warme Hausschuhe, dicke Socken, Stulpen, Nierenwärmer, Decke, Schaffell, Wärmflasche, Kirschkernkissen, Heizkissen, warme Bettdecke, wärmende Materialien (Schur-, Angorawolle, Daunen ...) etc.

Aktionen

Badewanne, Sauna, Heizung höher drehen, Kamin anmachen, Thermoskanne mit Tee bereitstellen, Bewegung (Spaziergang, zu einem Lied im Radio tanzen, Treppen laufen ...), Sport treiben etc.

Speisen & Getränke

viele warme Gerichte (Eintöpfe, Suppen ...), Kräuter und Gewürze (Oregano, Basilikum, Pfeffer, Ingwer, Zimt ...), Gewürztee, warmer Kakao etc.

Hinweis:
Wenn Sie trotz aller Bemühungen weiterhin frieren, kann es sein, dass die Ursache in einer starken seelischen Belastung liegt. In diesem Fall hilft es, eine Entlastung auf seelischer Ebene zu suchen: ein Gespräch, den Tränen freien Lauf lassen, zur Ruhe kommen, eine Auszeit nehmen etc. Durch ein Nachlassen der seelischen Anspannung kann auch der Körper wieder besser entspannen, wodurch sich die Wärmezufuhr verbessert.

Wohlfühlkisten

Kraftkiste, Trostkiste, Vertrauenskiste, Entspannungskiste, Freundschaftskiste, Innere-Ruhe-Kiste, Erdungskiste

Es ist leicht zu erkennen, worum es bei diesen Wohlfühlkisten geht. Im Mittelpunkt stehen Gefühle und Bedürfnisse, die im Verlauf eines Heilungsprozesses immer wieder auftreten können: Gefühle von Traurigkeit, Wut, Einsamkeit sowie Bedürfnisse nach Kraft, Ablenkung, Erdung etc. Viele Menschen machen die Erfahrung, dass ursprünglich bekannte Ideen und Hilfestellungen in Krisensituationen unvermittelt in Vergessenheit geraten. Diese Zeit wird oft als sehr belastend erlebt, da mitunter Stunden und sogar Tage vergehen können, bis entsprechende Hilfen wieder erinnert und umgesetzt werden können.

Wenn Ihnen solche Erfahrungen bekannt sind und Sie den Wunsch haben, sich die Zeit der Orientierung und Hilfesuche erheblich zu verkürzen, können Sie sich entsprechende Kisten zu Ihren Bedürfnissen erstellen, also beispielsweise eine Trostkiste bei häufiger Traurigkeit, eine Mutkiste bei Verzweiflung oder eine Innere-Ruhe-Kiste bei Wut. Dort hinein legen Sie alles, was Sie in jenen Situationen als hilfreich und wohltuend erleben. Auf diese Weise haben Sie Ihre persönlichen Hilfen jederzeit zur Verfügung.

Anregung

Wohlfühlkisten helfen Ihnen dabei, sich auch in schweren Zeiten liebevoll begleiten zu können. Durch die schnelle Verfügbarkeit Ihrer persönlichen Hilfen können Sie manche schwere Phase in ihrer Intensität abmildern. Lassen Sie sich von den nachfolgenden Beispielen inspirieren:

Trostkiste

- Kerze, Streichhölzer
- besonderer Tee, Taschentücher
- tröstende Musik, tröstender Text
- Telefonnummern lieber Menschen, die in solchen Situationen angerufen werden können

- etwas für das innere Kind: Stofftier, Seifenblasen, Modellauto
- angenehmer Duft, Badezusatz
- Zeitschrift, Hörbuch (ablenken, sich etwas Gutes tun!)
- Erinnerung an schöne Momente
- Liste mit Ideen, die tröstend wirken: Lieblingspullover anziehen, in eine Decke hüllen, Kamin anmachen, baden

Kreativkiste

- Hobbyutensilien: Zeichenblock, Stifte, Werkzeug, Strick-/Bastelsachen
- Briefpapier, Postkarten, Adressen
- Tagebuch
- Liste mit Ideen, die Sie immer schon mal umsetzen wollten: Stuhl lackieren, nähen, Fotoalbum gestalten, Blumen umtopfen

Kraftkiste

- aufbauende Briefe, Postkarten und Mails von Freunden, Familie etc. aufbewahren
- Telefonnummern von Menschen, deren Gespräche aufbauend wirken und Kraft geben
- Erinnerungsbrief (S. 36)
- aufbauende Musik
- Erinnerung an kraftspendende Aktivitäten: spazieren gehen, Massage
- spirituelle Hilfen: beten, Kerze anzünden, Kraftort aufsuchen (zum Beispiel in der Natur, Kirche)

Tipp:
Wohlfühlkisten eignen sich in besonderer Weise auch zur Mitnahme in den Urlaub oder auf Dienstreisen, da sie ein Gefühl der Sicherheit und Handlungsfähigkeit vermitteln. Gerade in einer neuen Umgebung tut es gut, auf bewährte Hilfen zurückgreifen zu können. Sie stärken das eigene Wohlbefinden und geben ein Gefühl der Geborgenheit.

Zu Hause wohlfühlen

Wie innen – so außen. Wie außen – so innen.

Haben Sie schon mal darüber nachgedacht, dass sich das eigene (Er-)Leben in der Wohnung widerspiegeln kann? – Wenn wir uns mit einem bestimmten Lebensbereich nicht wohlfühlen, können wir oftmals eine Übereinstimmung in unseren vier Wänden vorfinden. So können sich berufliche Probleme beispielsweise im häuslichen Arbeitsbereich zeigen (etwa durch düsteres Arbeitszimmer oder Unordnung) und Schwierigkeiten in der Entspannungsfähigkeit im Wohnbereich (zum Beispiel fehlende Ruhezonen).

Wie geht es Ihnen in Ihrem Zuhause? Fühlen Sie sich in Ihren Räumen wohl? Oder gibt es Bereiche, in denen Sie gerne etwas verändern würden? – Machen Sie sich die Möglichkeit zu Nutze, bereits durch kleine Umgestaltungen in Ihrer Wohnung (»außen«) Ihr Wohlgefühl (»innen«) zu stärken. Dabei geht es nicht um die große Renovierung, sondern vielmehr um die kleinen Dinge, wie Möbel umstellen, Fotos einrahmen oder neue Accessoires besorgen. Vielleicht möchten Sie auch eine Wand farbig streichen oder mehr Ordnung in Ihren Arbeitsbereich bringen. Wenn Sie beginnen, kleine Dinge im Äußeren zu verändern, unterstützen Sie damit bereits eine Veränderung im Inneren; denn beides steht in einer wechselseitigen Beziehung zueinander.

Veränderungen in der Wohnumgebung ermöglichen bereits nach kurzer Zeit erste Erfolge. Die neu erworbene Handlungsfähigkeit und das wachsende Wohlbefinden wirken sich positiv auf die Stimmungslage aus und lassen neue Impulse entstehen, die Lust auf weitere Veränderungen machen.

Anregung

Wählen Sie einen Raum in Ihrer Wohnung aus, in dem Sie sich wohler fühlen möchten. Setzen Sie sich hinein und werden Sie innerlich ruhig. Lassen Sie die Atmosphäre auf sich wirken:

Was wünsche ich mir in diesem Raum?
mehr Ruhe, Weite, Wärme, Licht, Fröhlichkeit, Leichtigkeit, Freiheit, Ordnung, Offenheit, Klarheit, Leben, Veränderung, Schönheit …

Was kann ich tun, um dies zu erreichen?
aufräumen, Möbel umstellen, frische Blumen besorgen, dunkle Gardinen entfernen, Putz-/Ordnungshilfe engagieren, Sessel neu beziehen, Bilder verändern, etwas Neues hinzufügen: Kissen, Pflanzen, Kerze, Lampe, Regal …

Ebenfalls hilfreich ist die Frage: »Was möchte ich in diesem Raum tun?« (zum Beispiel mich entspannen, mit Freunden zusammensitzen, schlafen, arbeiten) sowie die Folgefrage: »Habe ich das Gefühl, dass der Raum dazu einlädt? Was brauche ich dafür?«

Beispiele: Umsetzungsideen

Wärme	→	warme Farbtöne wählen, weiche Materialien, schöne Texte sowie Fotos und Post von lieben Menschen aufhängen
Klarheit	→	aufräumen, aussortieren, wegwerfen, offene Regale mit Türen oder Vorhängen verschließen, Accessoires reduzieren
Freiheit	→	Licht und Weite in den Raum lassen, helle Gardinen, freie Wände, Ordnung schaffen, von belastenden Erinnerungsstücken trennen, Bilder mit Fernblick aufhängen
Leben	→	Pflanzen, Unordnung zulassen, mal nicht aufräumen, farbige Akzente setzen: buntes Kissen, Bilderrahmen anmalen, Wand farbig streichen
Freude	→	helle, freundliche Farben, Urlaubsfotos aufhängen, frische Blumen

Sich selbst beschenken

Ist Ihnen schon mal in den Sinn gekommen, sich selbst zu beschenken? Mit allem Drum und Dran – mit Geschenkpapier und zelebriertem Auspacken? Vielleicht erscheint Ihnen der Gedanke, sich selbst ein Geschenk zu machen, zunächst etwas fremd. Aber wenn Sie sich bewusst machen, wie viele positive Aspekte damit verbunden sind, können Sie sich sicherlich dafür erwärmen. Sich selber ein Geschenk zu machen bedeutet nämlich, sich …

… seiner Wünsche und Bedürfnisse wieder bewusst zu werden und diese ernst zu nehmen.
… etwas Gutes zu tun und zu gönnen.
… selbst in den Mittelpunkt zu stellen.
… eine Freude zu machen.
… selbst wichtig zu nehmen und zu signalisieren: »Ich mag mich!«

Es gibt immer wieder Phasen im Leben, in denen es erforderlich wird, die eigenen Bedürfnisse zurückzustellen. In einem gewissen Maß kann dies notwendig, hilfreich und sogar bereichernd sein. Wer dies jedoch ständig und sehr ausgeprägt tut, der kann den Bezug zu sich selbst verlieren und sich selbst nicht mehr wichtig nehmen. Spätestens dann ist es ratsam, den Kontakt zu sich wieder herzustellen und die eigenen Bedürfnisse und Wünsche wahr- und ernst zu nehmen. »Sich selbst beschenken« stellt eine Möglichkeit dar, dies wieder zu lernen.

Anregung

Lassen Sie den Akt des Sich-Gönnens zu etwas Bewusstem und Besonderem werden, zu einem Zeichen eigener Zuneigung. Halten Sie nach etwas Ausschau, das Ihr Herz erfreut:

Gelegenheiten und Anlässe

Einfach so, weil die Sonne scheint, weil ich es mir gönnen möchte, weil ich einen wichtigen Termin hinter mich gebracht habe, weil ich stolz auf mich bin, weil ich es mir wert bin, weil ich es mir schon so lange wünsche, weil ich mich mag, weil ich Geburtstag habe, weil Weihnachten ist, weil ich …

Ideen für kleine und größere Geschenke

Lesezeichen, Buch, Kinogutschein, Bild, Kerze, Duschgel, Kalender, Zeitschrift, Körperlotion, besondere Tee-/Kaffeesorte, Tasse, Kissen, Schmuck, Schlüsselanhänger, Dekoartikel …

Ideen für feierliches Auspacken

Zeit zum Genießen nehmen, Kaffee kochen (warmen Kakao, Cappuccino etc.), Plätzchen aufstellen, Kerze anzünden, schöne Musik, Blumen …

Probieren Sie einfach mal aus, wie es ist, sich selbst zu beschenken. Wenn Sie das nächste Mal durch die Geschäfte gehen und sich etwas gönnen möchten, lassen Sie es sich einpacken! Genießen Sie es. – Können Sie schon Ihre Vorfreude spüren?

Tipp:
Wenn Sie zu Frustkäufen neigen, achten Sie darauf, dass Sie sich nur dann etwas gönnen, wenn Sie Vorfreude in sich wahrnehmen, also eine gewisse Leichtigkeit oder Wärme, ein gutes Gefühl, ein angenehmes Kribbeln oder auch ein Lächeln bei dem Gedanken an Ihr Geschenk. Ansonsten verschieben Sie Ihren Einkauf lieber um ein paar Tage, bis Ihr Gefühl von Freude und Liebe wieder stärker geworden ist.

Ablenkung

Auf dem Weg durchs Leben machen wir die Erfahrung, dass inneres Wachstum oftmals in Krisenzeiten geschieht. Wir werden in diesen Zeiten im wahrsten Sinne des Wortes »herausgefordert« und entwickeln dabei Fähigkeiten und innere Einstellungen, die wir uns oftmals mühsam erarbeiten müssen: Geduld, Vertrauen (in uns selbst, zu anderen und auch dem Leben gegenüber), Hilfe erbitten, Hilfe annehmen, sich für Liebe öffnen, sich abgrenzen, durchsetzen, die eigene Gefühlsvielfalt kennenlernen, dem eigenen Herzen zuhören ... Diese Liste könnte endlos fortgeführt werden, weil es so vieles gibt, was wir lernen können. Da ist es verständlich, dass wir hin und wieder das Bedürfnis nach Ablenkung verspüren. Einfach mal ...

... Abstand von persönlichen Belastungen finden.
... auf positive Gedanken kommen.
... wieder lachen können.
... etwas Schönes erleben.
... innerlich zur Ruhe kommen.
... abschalten.

Anregung

Was hilft Ihnen dabei, sich abzulenken? Bevorzugen Sie es, alleine zu sein, oder suchen Sie dafür lieber den Kontakt zu anderen Menschen? Hier sind einige Beispiele, wie beides gelingen kann:

Machen Sie etwas, das ...

... Ihnen Freude bereitet

- Gehen Sie einer Beschäftigung nach, die Sie die Welt um sich herum vergessen lässt: segeln, Fotos einkleben, basteln, Enten füttern, schreiben, backen, Reparaturen durchführen, Sport treiben, Motorrad fahren etc.
- Betreiben Sie ein Hobby, bei dem Sie gemeinsam mit anderen Menschen Ihre Lebensfreude spüren: Singen, Tanzen, Trommeln etc.

- Tauchen Sie ein in positive, freudvolle Lebensgeschichten anderer Menschen: sich in ein Buch vertiefen, Film anschauen, Lesung besuchen, Vortrag hören etc.
- Treffen Sie sich mit netten Menschen, unternehmen Sie etwas Schönes, laden Sie jemanden zu sich nach Hause ein etc.

... Ihren Geist beschäftigt

- Suchen Sie eine andere Umgebung auf, die Ihre Sinne in besonderem Maße anspricht: Flohmarkt, Musikfest, Café, Einkaufszentrum, Stadtfest etc. Je mehr Sinneseindrücke Sie einbeziehen, desto leichter fällt eine Ablenkung: sehen, hören, fühlen, riechen, schmecken.
- Treiben Sie Sport, bei dem Sie mit Mitsportlern reden können: skaten, walken, joggen etc. Oder gehen Sie einem Sport nach, der Ihre Aufmerksamkeit und Konzentration derart fordert, dass ein Versinken in eigene Gedanken praktisch unmöglich wird: Klettern, Schach, Golf, alle Partner- und Mannschaftsportarten, wie Judo, Karate, Volleyball, Squash etc.
- Lernen Sie in einem Kurs, wie Sie Ihre Gedanken ruhen lassen bzw. kontrollieren sowie Ihre innere Ruhe stärken können: Meditation, Qi Gong, meditatives Bogenschießen, Yoga etc.

Tipp: Offenheit

- Rufen Sie jemanden an und äußern Sie konkret Ihr Bedürfnis nach Ablenkung, etwa: »Es geht mir nicht gut und ich möchte mich ablenken. Hast du Zeit, dass wir über irgendetwas Schönes reden können, damit ich auf andere Gedanken komme? Oder können wir uns treffen?«
- Manchmal ist es auch wohltuend, zunächst von den persönlichen Belastungen zu berichten. Dies befreit vom inneren Druck und schafft Platz für positive Empfindungen. So kann Entspannung und Ablenkung leichter gelingen.

Weitere Wohlfühl-Impulse

Immer wieder gibt es Phasen, in denen man das Bedürfnis verspürt, sein Leben in irgendeiner Weise zu bereichern, zu verschönern oder auch angenehmer zu gestalten. Doch leider fühlt man sich hin und wieder innerlich wie »leergefegt« und es macht sich Ratlosigkeit breit – es wollen sich einfach keine Ideen einstellen, wie man sich etwas Gutes tun kann. Um den eigenen Ideenfluss wieder anzuregen, helfen dann diverse Beispiele aus den einzelnen Themenbereichen, an denen man sich neu ausrichten und orientieren kann – sobald ein paar Stichpunkte fallen, fließen auch die eigenen Ideen wieder.

Eine solche Ideensammlung finden Sie hier. Lassen Sie sich von den verschiedenen Beispielen anregen.

Anregung

Was finden Sie gemütlich, behaglich, wohltuend, angenehm, herrlich, entspannend …

Was ist Ihre/Ihr …

… Wohlfühlmusik?

Mozart, Jazz, Harfe, Panflöte, Trommeln, afrikanische Musik, Bläser, Streicher, Musical, Oper, Schlager, irische Volksmusik, Kaffeehausmusik, Percussion, Rock- und Popmusik, Mantren, meditative Musik, französische Chansons, lateinamerikanische Musik, leise Musik, laute Musik, Musik aus dem Urlaub …

… Wohlfühlbewegung?

Schnelles gehen, schlendern, tanzen, dehnen, recken und strecken, Qi Gong, Wandern, Joggen, Kraftsport, Gymnastik, Walken, Schwimmen, Fußball, Radfahren, Kanufahren …

… Wohlfühl-CD?

Hörbücher/-spiele, Naturgeräusche (Meeresrauschen, Wale, Vögel, Regen …), Musik, Fantasiereisen, Meditationen …

… Wohlfühlort?

Balkon, Wohnzimmer, Schlafzimmer, Park, Wald, Kirmes, Flohmarkt, Kloster, Kirche, Einkaufszentrum, bei einer Freundin, im Garten unterm Apfelbaum, in den Bergen, am Meer, an einem Fluss …

… Wohlfühlkleidung?

Fleecejacke, dicke Socken, Lieblingspullover, Lieblingshose, bunte Socken, knallgelbe Badehose, Bademantel, Sommerkleid, weite Hosen, luftige Oberteile, Hut, Mütze, Gummistiefel, Leinenhemd, farbenfrohes T-Shirt, Jogginghose, Sarong, Flip Flops, Schal …

Tipp:
Auf der Suche nach Wohlfühl-Situationen kann es auch helfen, die eigenen Sinnesbedürfnisse zu ergründen: »Was höre, sehe, fühle, rieche und schmecke ich gerne?« Je mehr Sinne Sie in einer Situation positiv ansprechen, desto umfassender und nachhaltiger können Sie diese erfahren und erleben.

Erste Hilfe bei Angst, Einsamkeit & Co.

Das größte Gut, das uns geschenkt ist,
ist die Sehnsucht unserer Seele.

Novalis

Angst

Wenn wir Gefühle der Angst in uns wahrnehmen, wird es wichtig, dass wir einen Gegenpol schaffen, der unser Vertrauen stärkt – das Vertrauen in uns selbst, in unsere Fähigkeiten und Stärken, ins Leben, in den Lauf der Dinge, in die Welt. Im Vertrauen spüren wir Geborgenheit und Sicherheit und fühlen uns zugleich frei und gut aufgehoben. Ziel ist es, dass wir unsere innere Ruhe fördern und wieder Zuversicht für die kommende Zeit spüren. In Zeiten, in denen wir uns ängstlich fühlen, können wir uns daher stets fragen:

Was kann ich tun, um mein Vertrauen zu stärken?
Wie kann ich mein Gefühl von Sicherheit und Geborgenheit fördern?

Denken Sie für einen Moment über diese Fragen nach. Was vermittelt Ihnen Vertrauen? Was gibt Ihnen Sicherheit, Geborgenheit? Sind es bestimmte Menschen, ein Geruch, eine Tätigkeit, ein Gegenstand, eine Erinnerung, eine bestimmte Musik, eine Farbe? Können Sie Stärkung im Glauben finden? Vielleicht haben Sie spontan einen Einfall, den Sie in die Tat umsetzen möchten.

Anregung

Hier finden Sie weitere Ideen zur Stärkung Ihres Vertrauens:

Gespräche & Aktiv werden

- Bleiben Sie mit Ihren Ängsten nicht alleine, sondern teilen Sie sich jemandem mit! Im Gespräch entstehen oftmals neue Gedanken, Gefühle und Ideen, die aufbauend wirken und bei einer positiven Ausrichtung helfen. Gespräche mit Menschen, die eine positive und optimistische Lebenseinstellung haben, tun besonders gut: Zuspruch, Mut, neuer Blickwinkel, Beruhigung, Tipps … Rufen Sie jemanden an!
- Was müsste passieren, damit Sie sich sicher und geborgen fühlen? Malen oder schreiben Sie dazu (s. »Kreative Wege«, S. 138).

- Folgen Sie Ihrem Wunsch nach Hilfe: Lesen Sie Bücher zu Ihrem Thema, besuchen Sie Vorträge, lernen Sie eine Entspannungsmethode, informieren Sie sich über alternative Heilformen etc.
- Wenden Sie sich an Gleichgesinnte oder professionelle Helfer. Es wirkt entlastend und befreiend, sich austauschen und mitteilen zu können.

Selbstberuhigung & positive Gedanken

- Sprechen Sie in positiven, zuversichtlichen Sätzen mit sich (laut oder in Gedanken), beispielsweise: »Ich bin beschützt.« »Es wird gut laufen.« »Ich bin gut, ich kann das.« – Achten Sie dabei auf eine tiefe, ruhige Bauchatmung.
- Hören Sie sich CDs mit positiven Gedanken an und sprechen Sie diese mit (zum Beispiel von Louise L. Hay).
- Machen Sie sich bewusst, dass Sie vieles gar nicht tun müssen, und beruhigen Sie sich selber, zum Beispiel: »Ich muss das gar nicht tun. Ich habe die Wahl und kann jederzeit abbrechen.« – Allein das Wissen über die Möglichkeit des Nichttuns kann schon für größere Entlastung sorgen und den inneren Druck mindern. Nehmen Sie sich die Freiheit, Belastendes auch tatsächlich zu beenden.

Kurzfristige Entlastung durch Ablenkung

- Tauchen Sie ab in eine andere Welt: Fernsehen, Bücher, Zeitschriften, Hörspiele, Sport, Hobby etc.
- Widmen Sie sich einer vertrauten Tätigkeit: aufräumen, Blumen umtopfen, den Hund ausführen, einkaufen, putzen, Unkraut zupfen, Schränke ausmisten etc.
- Wechseln Sie die Umgebung oder suchen Sie die Gesellschaft von Menschen auf: Natur, Stadt, Einkaufsbummel, etwas erledigen, sich verabreden, Freunde besuchen oder einladen, Unternehmungen planen, sich mit Kindern beschäftigen etc.

Einsamkeit

Wir alle brauchen Menschen um uns, mit denen wir uns wohl- und von denen wir uns verstanden fühlen. Gerade in einer persönlich schweren Zeit empfinden wir Bedürfnisse nach Gemeinschaft und Zugehörigkeit oft besonders intensiv und spüren zugleich ein Bedürfnis nach Rückzug in uns. Dann bedarf es des Mutes und auch der Überwindung, einen Schritt nach außen zu tun und in Kontakt mit anderen Menschen zu treten. Zudem sind Geduld und Ausdauer dabei hilfreich; denn nicht nur die Freundschaft mit uns selbst, sondern auch die Suche nach Menschen, mit denen wir harmonieren und ähnliche Bedürfnisse teilen, nimmt oftmals eine längere Zeit in Anspruch.

Weiten Sie Ihre Bemühungen von Anfang an auf mehrere Ebenen aus. So kann im Laufe der Zeit ein Netzwerk an Kontakten entstehen, das in seiner Summe zu einem wachsenden Gemeinschaftsgefühl führt und Geborgenheit sowie Zugehörigkeit vermittelt.

Anregung

Welche Menschen und Aktivitäten sind Ihnen wichtig? Welche Kontakte wünschen Sie sich? Wo können Sie diese finden?

Den ersten Schritt wagen

- Erstellen Sie sich eine Liste von Menschen, die Ihnen sympathisch sind: Freunde, Bekannte, Verwandte, Familie, Kurs-/Fortbildungsteilnehmer, Kollegen, Nachbarn etc. und überwinden Sie Ihre Hemmungen. Rufen Sie jemanden von Ihrer Liste an und reden Sie einfach miteinander. Viele freuen sich über spontane Anrufe. Natürlich können Sie auch einen Brief, eine Karte oder Mail schreiben. Nur Mut!
- Wenn Sie möchten, fragen Sie auch, ob Interesse an einem Treffen besteht: Kino, Café, Spaziergang, zu Hause …
- Beleben Sie alte Kontakte wieder neu: Urlaubsbekanntschaften, Schul-, Studienfreunde …
- Geben Sie eine Annonce auf oder beantworten Sie eine: Freizeitkontakte, Gruppen, Partnerschaft, Hobbys …

Etwas für sich selbst tun

- Richten Sie sich einen regelmäßigen Termin in der Woche ein, um außer Haus zu kommen: VHS-Kurs, Musikunterricht, Malkurs, Chor, Sport, Kochkurs …
- Lassen Sie sich hin und wieder verwöhnen: Massage, Frisör …
- Begeben Sie sich unter Menschen (auch alleine!): Ausstellung, Workshop, Vortrag, Tanzveranstaltung, Café, Urlaub, Vereinsbeitritt …
- Überdenken Sie Ihre aktuelle Wohnform – würde Ihnen eine Veränderung guttun? (zum Beispiel Wohn-/Hausgemeinschaft, Land-/Stadtleben, Nähe von Freunden und Familie)

Etwas für andere tun

- Laden Sie Menschen zu sich nach Hause ein (s. »Willkommen!«, S. 154).
- Engagieren Sie sich ehrenamtlich: Verein, Stiftung, Tierheim (Pflegetier, Hund ausführen), Kirchengemeinde, Klinikbesuchsdienst, Kindergarten …
- Helfen Sie in der Nachbarschaft: auf Kinder oder Haustiere aufpassen, Blumen gießen während des Urlaubs, Einkäufe für ältere oder kranke Nachbarn …
- Bereiten Sie netten Menschen hin und wieder eine Freude: persönlicher Dank, leckerer Tee, selbstgemachte Marmelade, schöner Text, Blumen …

Kontakte in der Wohnumgebung knüpfen

- Stellen Sie sich Ihren Nachbarn vor. Viele freuen sich, wenn jemand aus der Anonymität heraustritt. Vielleicht möchten Sie sie auch zum Kaffee einladen?
- Wählen Sie für Einkäufe kleine Läden aus. So werden Sie wiedererkannt und kurze Gespräche gehören schon bald zur Tagesordnung – auch das gibt ein Gefühl der Verbundenheit.
- Werden Sie in Ihrem Wohnumfeld aktiv: Walkingtreff im nahegelegenen Park, Fitness-Kurs im benachbarten Sportstudio, Singen im Chor der Gemeinde …

Geringe Erdung

Die eigene Erdung nimmt in seelischen Aufarbeitungsprozessen einen besonderen Stellenwert ein. Wenn Sie sich mit belastenden Themen auseinandersetzen, brauchen Sie im wahrsten Sinne des Wortes festen Boden unter den Füßen, um Stabilität für Ihre Aufgaben zu gewinnen. Je mehr Sie im Alltag mit Ihren Grenzen in Berührung kommen, desto wichtiger wird die Stärkung Ihrer inneren Mitte.

Erdende Maßnahmen helfen Ihnen dabei, den Kontakt zu Ihrem Körper und zum Boden zu festigen. Besonders leicht gelingt dies, wenn Sie sich bewusst mit der Natur in Verbindung setzen. Die Elemente der Natur, wie Pflanzen, Erde, Sonne, Wind und Regen, versorgen Sie direkt mit frischer Lebenskraft und Energie und unterstützen Sie darin, Ihr inneres Gleichgewicht wiederzufinden und zu stärken (zum Beispiel barfuß laufen). Sie können eine Erdung aber auch über andere Wege erreichen, beispielsweise über Bewegung und Körperarbeit (s. Anregung).

Experimentieren Sie mit den verschiedenen Möglichkeiten und finden Sie heraus, welche Ihnen guttun und vielleicht auch Spaß machen. Versuchen Sie, erdende Maßnahmen regelmäßig in Ihren Tages- oder Wochenablauf zu integrieren, damit Ihnen die ausgleichende Wirkung auch in akuten Phasen zuverlässig zur Verfügung steht. Falls Sie das Gefühl haben »neben sich« zu stehen, lesen Sie auch die Anregungen des Kapitels »Abdriften & Neben-sich-Stehen« auf S. 78. Dort finden Sie weitere Empfehlungen zur Stärkung Ihres Gegenwartsgefühls.

Anregung

Stärken Sie Ihre innere Mitte, indem Sie ganz bewusst den Kontakt zu Ihrem Körper oder zur Erde aufnehmen:

Natur, Sport & Bewegung

- Spazieren gehen, Gartenarbeit, frische Luft atmen, einen Baum umarmen oder sich darunter setzen, barfuß laufen, Wind, Regen und Sonne spüren ...
- Walken, Joggen, Tanzen ...

Körperarbeit

- Ein paar Minuten bewusst den Boden spüren (barfuß/in Strümpfen): gehen, abrollen, auf den Innen-/Außenkanten, Fersen und Zehenspitzen, vor- und zurückwippen, um die Fußflächen kreisen, stampfen, schleifen, trippeln, hüpfen, schlurfen, rutschen ...
- Füße oder Hände massieren: mit Händen, Massageball, weicher Bürste, Creme, Massageöl ...
- singen, bewusst den Atem fließen lassen ...

Weitere Möglichkeiten, die Mitte zu stärken

- Jedes persönliche Hobby, das Ihnen das Gefühl gibt, ganz darin aufgehen zu können und Sie selbst zu sein: Werken, Malen, Trommeln, Skaten, Basteln, Radfahren, Segeln ...
- Ausgleich suchen: Freunde treffen, sich intensiv mit etwas Schönem beschäftigen, mit jemandem sprechen, Tiere streicheln, mit Kindern spielen, die Sinne ansprechen (etwas Angenehmes riechen, sehen, fühlen etc.) ...
- Energiearbeit: Yoga, Tai Chi, Meridiangymnastik, Qi Gong, Meditation ...

Tipp:
Meditative Beschäftigung: Während Sie die ein oder andere Form der Erdung ausprobieren, können Sie versuchen, einen meditativen Zustand zu erreichen – ein »In-sich-Versinken«. Ob Sie dabei alle Gedanken beiseiteschieben oder Ihren Gedanken bewusst nachgehen möchten, hängt ganz von Ihren Bedürfnissen ab. Beides kann helfen, wieder mehr zu sich zu finden und die Mitte zu stärken.

Abdriften & Neben-sich-Stehen

Im Verlauf eines Heilungsprozesses kann es immer wieder geschehen, dass man den Kontakt zur inneren Mitte verliert und das Gefühl hat, »neben sich« zu stehen. In sanften Ausprägungsformen sprechen wir dann davon, dass wir uns »nicht geerdet« fühlen, und wählen Hilfen, die uns darin unterstützen, den Kontakt zu uns und zu unserer Umwelt wiederherzustellen (s. »Geringe Erdung«, S. 76). Manchmal kann das Gefühl des Kontaktverlustes jedoch so stark sein, dass darüber hinaus weitere Hilfen notwendig werden. Diese sollten besonders leicht und mit wenig Energieaufwand durchgeführt werden können und zugleich wirksam darin unterstützen, das Gegenwartsgefühl im Körper zu stärken. Diese Hilfen finden Sie hier.

Kombinieren Sie die genannten Anregungen auch mit anderen Maßnahmen. Je umfangreicher Ihr persönliches Repertoire an Hilfen ist, desto variabler können Sie auf Ihre Befindlichkeiten und Bedürfnisse eingehen.

Anregung

Finden Sie zurück in Ihren Körper, indem Sie bewusst den Kontakt zu ihm aufnehmen. Wohltuende Sinneserlebnisse helfen Ihnen dabei, sich wieder in Ihrer Mitte zu zentrieren:

Sinnesreize

- Lassen Sie kaltes oder warmes Wasser über Ihren Körper fließen (Hände, Arme, Nacken, Unterschenkel, ganzer Körper ...).
- Öffnen Sie das Fenster oder gehen Sie hinaus an die frische Luft. Atmen Sie tief durch.
- Fühlen, riechen, hören, sehen Sie etwas Angenehmes: Haustier streicheln, Kaffeeduft riechen, Massageball kneten, in weiche, warme Decke kuscheln, Blume anschauen und berühren, dem Klang einer Klangschale oder eines Gongs lauschen ...

- Auch ätherische Duftöle, die eine ausgleichende, harmonisierende oder erdende Wirkung haben, können helfen: Lavendel, Angelikawurzel, Rose, Patchouli, Benzoe Siam …

Körperübungen

- Konzentrieren Sie sich auf eine tiefe, ruhige Bauchatmung. Mit jedem Einatmen nehmen Sie neue Lebensenergie in sich auf, mit jedem Ausatmen geben Sie alte, verbrauchte Energie ab.
- Machen Sie sich bewusst, an welchen Stellen Ihr Körper die Umgebung berührt (Teppich, Stuhl, Kissen etc.). Bewegen Sie sich währenddessen, damit Sie Ihren Körper besser spüren können. Probieren Sie aus, ob Ihnen eher weiche oder harte Materialien dabei helfen.
- Ballen Sie eine Hand zur Faust. Konzentrieren Sie sich auf den Punkt der Kraft und Präsenz.
- Klopfen Sie Ihren Körper von den Füßen bis zum Kopf ab und konzentrieren Sie sich darauf, in Ihrem Körper zu sein. Variieren Sie nach Bedarf die Intensität des Abklopfens: Sie können reiben, rubbeln, leicht mit den Fingern tippen, streichen, mit einem Massageroller arbeiten …
- Ziehen Sie beide Ohrläppchen gleichzeitig sanft nach unten – so, wie es für Sie angenehm ist – und wiederholen Sie dies einige Male. Richten Sie Ihre Aufmerksamkeit dabei auf Ihren Unterbauch und nehmen Sie wahr, wie sich dieser dadurch lockert und eine beruhigende Bauchatmung leichter fällt.

Beruhigende Selbstgespräche

- Sprechen Sie beruhigend mit sich selbst. Verwenden Sie positive Sätze oder Wörter, wie: »Es ist alles in Ordnung.« »Ich bin beschützt.« »Ich bin ruhig.« »Liebe.« »Vertrauen.«

Innere Schwere & seelische Erschöpfung

Innere Schwere und seelische Erschöpfung sind Erscheinungen, die auf körperlicher Ebene eine große Schwäche bewirken. In diesen Zeiten wird es daher besonders wichtig, den Alltag so einzurichten, dass Ruhe und Erholung möglich sind und die Kräfte geschont und gestärkt werden.

Erlauben Sie sich, Prioritäten zu setzen.

Gerade in der Schwäche brauchen Sie viel Trost und Unterstützung. Gehen Sie daher liebevoll mit sich um und versuchen Sie, Ihren Alltag so weit wie möglich nach Ihren Bedürfnissen auszurichten. Im Mittelpunkt der Überlegungen können die Fragen stehen: »Was ist mir wirklich wichtig?« und »Was tut mir gut?« Finden Sie Wege, wie Sie sich Ihren Alltag erleichtern können (zum Beispiel Aufgaben reduzieren, Termine auch kurzfristig absagen). Nehmen Sie sich die Freiheit, Ihren Bedürfnissen einen wichtigen Platz im Leben einzuräumen, und befreien Sie sich von einigen Aufgaben und Verpflichtungen. Sie selbst sind wichtig!

Anregung
Nachfolgend finden Sie Impulse zum Kraftaufbau:

Kraft tanken …

… Ruhe & Erholung: ausruhen, schlafen, Zeit für sich nehmen (schon fünf Minuten tun gut, zum Beispiel alleine in einem Raum sein, sich zurücklehnen, durchatmen)

… Natur: wohltuende Energien aufnehmen (beispielsweise ans offene Fenster in die Sonne setzen)

… soziale Kontakte: Telefonate, gute Gespräche, Zusammensein mit Freunden

… in eine andere Welt »abtauchen«: lesen, Hörbücher, Filme, geliebte Tätigkeiten

Baden & duschen

Ein Bad in Salzwasser hilft dabei, einen Teil der Schwere abzugeben (zum Beispiel 500 g Totes-Meer-Badesalz, 20 Minuten). Befragen Sie bei Herz-Kreislauf-Erkrankungen zuvor Ihren Arzt. Auch eine ausgiebige Dusche kann helfen.

Essen

Wenn Sie in Erschöpfungsphasen dazu neigen, wenig oder kaum zu essen, achten Sie ganz besonders darauf, sich gut und ausreichend zu ernähren. Halten Sie für diese Zeiten stets Gerichte bereit, die Sie schnell und einfach zubereiten können, und greifen Sie zur Not auf Fertiggerichte zurück: Suppen, Tiefkühlkost etc. Wenn Sie die Kraft haben, sich frisches Essen zuzubereiten, umso besser! (weitere Tipps auf S. 146 und S. 148)

Umgebung gestalten

Falls Ihre Erschöpfung so stark ist, dass Sie viel Zeit im Liegen verbringen, gestalten Sie Ihre Umgebung bei nächster Gelegenheit so, dass Sie sich darin wohlfühlen und etwas Schönes betrachten können: Blick in die Natur, Kalender mit Landschaftsaufnahmen, frische Blumen, Pflanzen, eine Kerze, Zeitschrift mit schönen Bildern etc.

Ausruhen oder »aufraffen«?

Bei Erschöpfung und Kraftlosigkeit ist es grundsätzlich heilsam, den Signalen Ihres Körpers zu folgen und sich Ruhe und Erholung zu gönnen. Vielleicht gibt es aber eine Tätigkeit oder ein Hobby, zu dem Sie trotzdem Lust haben. Womöglich spüren Sie einen Funken von »Ich könnte mich besser fühlen, wenn …«. Befragen Sie Ihre innere Stimme und probieren Sie aus, was Ihnen guttun könnte.

Ideen aufschreiben

Womit können Sie noch Ihr Wohlbefinden unterstützen? Musik hören, Spaziergang im Grünen, Anruf bei einer Freundin …? Schreiben Sie sich Ihre Ideen auf, damit Sie diese stets zur Hand haben.

Innere Unruhe & Anspannung

Innere Unruhe und Anspannung haben Ihren Ursprung oft in seelischen Themen, die sich auf körperlicher Ebene einen Ausdruck suchen. Ängste, Sorgen und andere Unannehmlichkeiten bahnen sich auf diese Weise einen Weg nach außen und machen auf sich aufmerksam.

Der Weg, den Sie zu größerer Ruhe und Entspannung gehen können, wird dabei von zwei Seiten gesäumt – einer seelischen (beispielsweise Ursachenarbeit) und einer körperlichen Seite (etwa Spannungsabbau). Sie können beide Seiten gleichzeitig in Ihren Weg mit einbeziehen, Sie können sich aber auch nur für eine Seite entscheiden. Selbst dann, wenn Ihnen die Ursachen Ihrer inneren Unruhe und Anspannung nicht bekannt sind, können Sie auf diese Weise etwas für sich tun. Dies zu wissen tut oft gut.

Anregung

Welche Maßnahmen führen Sie zurück in Ihre innere Mitte und stärken diese? Wovon fühlen Sie sich spontan angesprochen?

Ursachen ergründen

- Was lässt Sie unruhig und angespannt sein? Welche Gedanken, Gefühle und Themen verbergen sich dahinter? Nehmen Sie sich Zeit, um die Ursachen zu erkennen, damit Sie sich gezielter helfen können. Folgende Kapitel können Ihnen dabei helfen: »Das innere Kind«, S. 22, »Was braucht mein Herz jetzt?«, S. 52, »Meditation II«, S. 100, »Besinnung finden«, S. 128, »Meditative Innenschau«, S. 132.
- Was können Sie jetzt konkret für sich tun, um Ihre Ruhe zu fördern? Vielleicht eine Aufgabe erledigen, die Sie schon lange vor sich herschieben, spazieren gehen, mit jemandem darüber reden, Gefühle zulassen (schon ein paar Sekunden können erleichtern!), Gedanken aufschreiben, bestimmte Situation verändern, Besinnungszeit nehmen.

Spannungen mildern

- Bauen Sie Ihre inneren Spannungen durch Sport und Bewegung ab.
- Lösen Sie die Anspannung aus Ihrer Muskulatur, indem Sie diese dehnen. Unterstützen Sie die Wirkung, indem Sie bewusst Ihren Atem hinzunehmen: Lassen Sie beim Einatmen die Luft in den verspannten Bereich einströmen und beim Ausatmen die Spannung abfließen. Nehmen Sie sich dafür einige Minuten Zeit.
- Erlernen Sie ein Entspannungsverfahren, das Sie regelmäßig anwenden, wie Progressive Muskelentspannung, Yoga.
- Erkundigen Sie sich, ob es alternative Methoden gibt, die Ihnen dabei helfen können, zu größerer Ruhe und Entspannung zu finden, zum Beispiel Homöopathie, Osteopathie, Bachblüten. Bedenken Sie dabei, dass diese Methoden ganzheitlich wirken, so dass bei sensibler Veranlagung Nachwirkungen auf seelischer Ebene möglich sind. Lassen Sie sich von einer Fachperson beraten.

Erholungspausen

- Halten Sie mehrmals am Tag inne und kommen Sie zur Ruhe. Schon eine Minute der inneren Sammlung kann helfen, sich wieder neu auszurichten: Atmen Sie ruhig ein und aus und stellen Sie sich vor, wie Sie mit jeder Ausatmung einen Teil Ihrer Spannung abgeben. Erinnern Sie sich im Alltag immer wieder daran, in die Ruhe zu gehen.
- Suchen Sie die Natur auf – atmen Sie Ruhe und Kraft ein und geben Sie Unruhe und Anspannung ab.
- Bauen Sie immer wieder kleine Ruheinseln in Ihren Alltag ein (s. »Entspannung und Ruhe finden«, S. 91 ff).

Spirituelle Hilfe

- Manchmal kommt es im Leben darauf an, sich dem Fluss des Lebens hinzugeben und sich im Vertrauen zu üben. Übergeben Sie Ihre Sorgen an Gott (Ihren Schutzengel etc.) und lassen Sie los. Vertrauen Sie sich Ihrer göttlichen Führung an.

Wut

Wut ist ein sehr aktives Gefühl, das uns zeigt, wie lebendig und präsent wir sind. In einem Moment der Wut bündeln wir alle unsere Kräfte und entwickeln oftmals die Entschlusskraft, uns für unsere Anliegen einzusetzen. Wut birgt daher neben belastenden Gefühlen und Empfindungen immer auch positive Aspekte in sich: innere Kraft, Ausdruck, Wille, Ziel, Energie, Motivation, Klarheit und vieles andere mehr.

Wenn Sie möchten, richten Sie sich auf diese Aspekte aus und setzen Sie diese positiv für sich und Ihre Mitmenschen ein. Dafür empfiehlt es sich, sich zunächst innerlich zu beruhigen und »abzukühlen«. In der akuten Wut denken und handeln wir selten konstruktiv, und so ist es in den meisten Fällen angebracht, die starken Emotionen zunächst ein wenig abzubauen und über andere Wege freizusetzen (s. Anregung). Sobald Sie sich ruhiger fühlen, können Sie sich leichter mit dem Grund Ihrer Wut auseinandersetzen; denn Wut bringt immer eine Botschaft für Sie mit:

Welches Bedürfnis verbirgt sich hinter der Wut?
Anerkennung, Unterstützung, Sicherheit, Ernstgenommenwerden, Gemeinschaft, Geborgenheit, Ruhe, Respekt, Selbstbestimmung, Individualität, Bewegung, Aufrichtigkeit, Verbindlichkeit, Verständnis …

In wutbesetzten Situationen kann es schwerfallen, die eigenen Bedürfnisse hinter der Wut zu erkennen und einen offenen Standpunkt zum Geschehen einzunehmen sowie einen konstruktiven Umgang damit zu finden. Bleiben Sie mit Ihrer Wut daher nicht alleine, sondern sprechen Sie mit anderen Menschen über Ihre aktuelle Herausforderung. Oftmals hilft es schon, von der eigenen Wut und den dazugehörigen Situationen erzählen zu können, um ruhiger zu werden. Häufig entstehen in Gesprächen auch Impulse, die zu einer veränderten inneren Haltung führen und neue Wege des Umgangs erkennen lassen.

Anregung

In Phasen akuter Wut wird eine enorme Menge an Kraft und Energie freigesetzt, die gelebt und ausgedrückt werden will. Versuchen Sie, dieser Energie einen Ausdruck zu geben, damit Körper und Geist wieder frei atmen und denken können:

Freisetzen & Loslassen

- Machen Sie mit energischem Schritt einen langen Spaziergang. Werden Sie erst langsamer, wenn Sie sich ruhiger fühlen. Nehmen Sie anschließend die ruhigen Kräfte der Natur wahr und in sich auf.
- Rufen Sie jemanden an und erzählen Sie von Ihrer Wut.
- Widmen Sie sich einer Tätigkeit, die Ihnen viel Energie abverlangt: Beet umgraben, Holz hacken, Brotteig kneten, Schlagzeug spielen, Judo, Tennis, Joggen etc.
- Suchen Sie zeitlichen Abstand. Schlafen Sie ein oder zwei Nächte darüber und schauen Sie, wie sich Ihre Gefühle verändern.

Körperkraft & Stimme

- Zerknüllen Sie Papier und werfen Sie es mit aller Kraft gegen die Wand oder auf den Boden. Schimpfen Sie dabei lautstark (»Ich bin so wütend!«). Auch das Zerreißen von viel Papier kann helfen.
- Nehmen Sie sich ein Kissen und schleudern Sie es auf Ihr Sofa, bis Sie sich besser fühlen. Sie können auch große Kissen vor Ihr Sofa stellen und dagegentreten. Setzen Sie Ihre Stimmkraft dazu ein.
- Prellen Sie einen Ball mit aller Kraft auf den Boden. Rufen Sie zu jedem Aufprall beliebige Silben laut heraus, zum Beispiel »Ho! Ha! He!«. Um den Aufschlag zu dämpfen, können Sie den Ball in zwei Jutebeutel legen.
- Setzen Sie sich in Ihr Auto (bitte nicht fahren!) und schimpfen Sie laut.

Fehlende Tränen

Sicherlich haben Sie schon oft die Erfahrung gemacht, dass das Zulassen von Tränen nicht nur erschöpfen, sondern auch erleichtern kann. Wenn wir weinen, geben wir unserem Kummer damit einen unmittelbaren Ausdruck und entlasten uns von innerem Druck und inneren Spannungen. Bei manchen Trauerprozessen zeigt sich jedoch, dass die Tränen, die geweint werden möchten, nicht fließen können. Dann wächst der innere Druck, so dass das Bedürfnis, endlich wieder weinen zu können, stetig zunimmt.

Wenn Sie den Zugang zu Ihren Tränen wiederfinden möchten, nehmen Sie sich Zeit für Ihre Traurigkeit. Genauso, wie es irgendwann mal ein Lernprozess war, die Traurigkeit zurückzuhalten, so ist es nun ein Lernprozess, diese wieder anzunehmen und zuzulassen. Fehlende Tränen haben Ihren Grund und brauchen oft viel Zeit, um wieder hervorzukommen. Gehen Sie den Weg des Herzens: Nehmen Sie das an, was gerade da ist, und forcieren Sie nichts. Geben Sie Ihrer Traurigkeit Raum und erleichtern Sie Ihren Tränen damit den Weg nach außen.

Anregung

Schenken Sie Ihrer Traurigkeit die Möglichkeit, sichtbar zu werden, und wenden Sie sich ihr liebevoll zu. Verschiedene Wege können Ihnen dabei helfen, sich Ihren Tränen wieder anzunähern:

Annehmen der eigenen Traurigkeit

Zeit für sich nehmen und zur Ruhe kommen, die Traurigkeit zulassen, mit jemandem darüber sprechen und sich damit zeigen (Freundin, Therapeut, Telefonseelsorge etc.), Trost finden (S. 88), der Traurigkeit einen Ausdruck geben (Tagebuch schreiben, Collage erstellen, Musik machen, tanzen etc.) …

Aufgreifen eines äußeren Auslösers

ergreifenden Film anschauen, bewegendes Buch lesen, berührende Musik hören, wohltuende Texte lesen (Sinnsprüche, Liedtexte, Artikel etc.) …

Fremde Auslöser machen es oft leichter, den eigenen Tränen Raum zu geben. Sie können daher einen äußeren Anlass nutzen, um weinen zu können und Ihren Kummer fließen zu lassen. Dies kann beispielsweise während eines Konzerts geschehen, dessen Musik zu Tränen rührt, während eines Kinofilms oder auch beim Lesen eines Romans. Oftmals sind diese besonderen Momente nicht planbar, doch hin und wieder kann es gelingen, diese gezielt für sich einzusetzen.

Ein weiterer Weg zu den Tränen ist das »Weinen ohne Tränen«. Dies bedarf zu Anfang oft der Überwindung, da es zunächst ungewohnt ist. Doch es tut gut, die Traurigkeit nicht zu unterdrücken, sondern das zuzulassen, was gerade innerlich bewegt.

Weinen ohne Tränen

Versuchen Sie, Ihr Weinen auch ohne Tränen anzunehmen. Sie werden merken, dass es – bis auf die Tränen – alle Symptome zeigt, die es auch sonst aufweist: Atmung und Körperhaltung verändern sich, das Gesicht formt sich zu einem Weinen, tiefe Schluchzer tauchen auf … Erlauben Sie sich, innerlich loszulassen und das willkommen zu heißen, was sich zeigen möchte. Seien Sie für sich da und trösten Sie sich. Vielleicht können Sie sich auch einem anderen Menschen damit zeigen und sich anvertrauen. Beides ist heilsam.

Sehnsucht nach Trost

Es gibt wohl keine heilsamere Form des Trostes, als von einem anderen Menschen getröstet zu werden, der einem mit Liebe und Mitgefühl begegnet und bei dem man mit seinem Schmerz sein darf. Liebevolle Worte, eine Umarmung, sich mitteilen oder einfach nur »da sein« können sind dann Balsam für die Seele. Trost hat etwas Weiches und Warmes an sich. Man fühlt sich umfangen und aufgefangen und ist nicht länger allein mit seinen Ängsten und seinem Kummer. Dies führt zu Erleichterung und Entlastung und der eigene Weg kann wieder leichter gegangen werden.

Ein Wunsch nach Trost drückt ein seelisches Bedürfnis nach Anteilnahme aus – nicht der neue Pullover oder das neue Auto trösten, sondern das Gefühl, dass man mit seinem inneren Schmerz wahrgenommen und aufgenommen wird. Immer wieder gibt es jedoch Situationen, in denen die tröstende Nähe zu anderen Menschen nicht möglich ist. Dann ist es gut, über ein Repertoire zu verfügen, wie man sich selber trösten kann. Gerade zu Anfang mag dies gewöhnungsbedürftig sein, weil die Erfahrung fehlt, sich selber gut zuzureden und in den Arm zu nehmen. Doch mit der Zeit wird deutlich, dass Trost viel damit zu tun hat, für sich selber da zu sein und sich zu umsorgen, und dass es viele Möglichkeiten der Umsetzung dazu gibt.

Anregung

Versuchen Sie, innerlich zur Ruhe zu kommen, und horchen Sie in sich hinein. Was brauchen Sie jetzt? Schalten Sie Ihren Verstand für einen kurzen Moment auf Stille und lassen Sie Ihr Herz sprechen. Lassen Sie Ihren ersten Gedanken, Ihren ersten Wunsch oder auch Ihr erstes inneres Bild zu: Was würde Ihnen jetzt helfen, sich getröstet zu fühlen?

Trost durch einen anderen Menschen

mit jemandem reden können, sich mitteilen, die Tränen

zulassen, um eine Umarmung bitten, Zuspruch erfahren, Zeit mit jemandem verbringen, im Arm gehalten werden …

Sich selber trösten

Tagebuch schreiben, es sich besonders gemütlich machen, heilsame Musik hören, tröstenden Film anschauen, in die Natur gehen, Wärmflasche auf den Bauch legen, »Trostkiste« hervorholen (S. 60), großes Kissen oder Stofftier im Arm halten, Erinnerungsbrief lesen (S. 36), baden, Tee trinken, geliebtes Hobby ausüben, bequeme Kleidung anziehen, beten, Kerze anzünden …

Vielleicht möchten Sie ein Trostritual entwickeln, das Ihnen dabei hilft, langfristig einen leichteren Umgang mit traurigen Situationen zu finden. Rituale geben Sicherheit und Beständigkeit und können daher viel Geborgenheit vermitteln. Je häufiger Sie üben, für sich selber da zu sein, desto wohler werden Sie sich damit fühlen: Vielleicht möchten Sie sich einen Tee kochen, eine bestimmte Musik hören, ins Tagebuch schreiben und schließlich eine Freundin anrufen … – Welches Ritual würde Ihnen dabei helfen, sich getröstet zu fühlen?

Kraftorte

Trost lässt sich auch an bestimmten Orten erfahren. Das kann ein bestimmter Platz in der Natur sein, eine Kirche, Kapelle und natürlich auch ein Ort in Ihrer Wohnung: der Balkon, der Garten, ein Sessel, die Badewanne … – Wo können Sie Kraft tanken? Wo finden Sie Trost?

Entspannung und Ruhe finden

Gib den Füßen Ruhe,
aber auch dem Herzen.

Aus Nigeria

Kleine Lichtblicke & Rituale

Der Alltag zieht uns häufig so sehr in den Bann, dass wir vergessen, uns selber etwas Gutes zu tun – eine kleine Auszeit der Ruhe und Erholung. »Kleine Lichtblicke & Rituale« wollen dabei helfen, den Blick für diese Ruhe- und Erholungszonen zu weiten. Es sind Momente des Innehaltens und Sich-Zeit-Nehmens. »Halt« sagen und auch tatsächlich anhalten. Stehen bleiben. Lauschen, schauen, riechen, schmecken, fühlen. Etwas Schönes tun und genießen. Einfach den Moment wahrnehmen und ihn so gestalten, dass er guttut.

Woran können Sie einen »Lichtblick« erkennen?
Vielleicht …

… seufzen Sie wohlig.
… empfinden Sie Vorfreude, wenn Sie daran denken.
… möchten Sie am liebsten jemandem davon erzählen.
… spüren Sie körperliche Entspannung.
… spüren Sie Freude, Glück oder Dankbarkeit.
… haben Sie positive Gedanken.
… recken und strecken Sie sich.
… fangen Sie an, leise vor sich hin zu summen.
… können Sie tief durchatmen.
… können Sie sorgenvolle Gedanken und Gefühle vergessen.
… fühlen Sie sich gelöster, ausgeglichener, ruhiger, leichter oder friedvoller.

Wenn Sie nicht sogleich wissen, wie ein Lichtblick für Sie aussehen könnte, probieren Sie einfach verschiedene Möglichkeiten aus, und beobachten Sie, wie es Ihnen damit geht. Bestimmt können Sie nach einigem Experimentieren feststellen, was Ihnen dabei hilft, für einen Moment abzuschalten und sich etwas besser zu fühlen.

Anregung

Fördern Sie Ihre Entspannungsfähigkeit, indem Sie regelmäßig kleine Inseln der Ruhe, der Muße oder des Genusses in Ihren Alltag einbauen:

Lichtblicke

- Katze kraulen
- Schokolade essen
- W. A. Mozart hören
- nettes Gespräch führen
- spazierengehen
- Seerosen betrachten
- Auto fahren mit offenem Verdeck
- Zeitschrift lesen
- zu einem Lied im Radio tanzen
- Lieblingscafé aufsuchen
- Glas Wein genießen
- dem Atem lauschen
- an ein bevorstehendes, schönes Ereignis denken
- Comics/Karikaturen anschauen

Lassen Sie einige Ihrer Lichtblicke zu festen Ritualen werden. Je häufiger und regelmäßiger Sie Ihre persönlichen Erholungszeiten in Ihren Alltag einfügen, desto leichter werden Sie sich mit Gefühlen der inneren Ruhe und Entspannung verbinden und diese auch in Stresssituationen aufrechterhalten können:

Rituale entwickeln

- morgens eine halbe Stunde früher aufstehen und in aller Ruhe einen Tee trinken, die Stille genießen und den Tag begrüßen
- sich am Ende eines anstrengenden Arbeitstages Zeit für ein ausgiebiges Bad nehmen
- sich jeden Monat eine besondere Zeitschrift gönnen oder einen Blumenstrauß
- vor dem Einschlafen eine Geschichte lesen, ein Rätsel lösen oder ins Tagebuch schreiben
- den Tag/die Nacht mit einem positiven Satz oder Wort (S. 125) beginnen, sich darauf besinnen und davon leiten lassen
- auf dem Weg zur Arbeit beruhigende Musik hören; mit dem Fahrrad zur Arbeit fahren oder auch zu Fuß gehen; eine Pause zum Spaziergang nutzen
- jeden Tag 15 Minuten im Sessel sitzen und einfach nur da sein: atmen, denken, fühlen, riechen, spüren, schauen, Gefühle und Gedanken kommen und gehen lassen …

Auszeiten nehmen

Wir alle sehnen uns hin und wieder nach einer Auszeit, die es uns erlaubt, uns für einen Moment von unseren familiären, beruflichen und gesellschaftlichen Aufgaben zurückzunehmen – einfach mal für uns sein, unseren Bedürfnissen nachgehen, freie Zeit zur Verfügung haben und frei entscheiden können, wie wir diese gestalten möchten.

Auszeiten schenken uns die Möglichkeit, unsere Mitte und damit auch uns selbst wiederzufinden und zu stärken. In dieser freien Zeit können wir abschalten, durchatmen, neue Energien tanken, Belastendes für eine Weile loslassen und neue Impulse zulassen. So können wir mit neuer Kraft und Motivation in den Alltag zurückkehren und auf manche Situation gelassener reagieren.

Wie sieht das bei Ihnen aus? Haben Sie die Gelegenheit, sich wenigstens einmal in der Woche eine persönliche Auszeit zu nehmen? »Kleine Lichtblicke & Rituale«, S. 92, geben bereits Anreize, wie dies für wenige Minuten aussehen kann. Doch wie ist dies bei längeren Auszeiten von zum Beispiel einer Stunde? Oftmals ist hierfür etwas mehr Organisation und Durchsetzungskraft erforderlich. Trainieren Sie sich darin! Setzen Sie nicht nur Ihre Mitmenschen auf die oberste Stufe Ihrer Prioritätenliste, sondern auch sich selbst. Sich selbst sogar ganz besonders. Wagen Sie den vielleicht noch ungewohnten Schritt und setzen Sie sich für eine persönliche Auszeit ein. Treffen Sie Absprachen mit Ihrem Partner, Ihren Kindern, vielleicht auch mit Ihren Eltern oder dem Chef, damit eine Auszeit für Sie möglich wird.

Zu Anfang wird es womöglich Überwindung kosten, sich für die eigenen Bedürfnisse einzusetzen, und es mag einfacher erscheinen, sich (wieder?) zurückzunehmen. Doch letzten Endes werden Sie sich beseelt fühlen, wenn Sie über Ihre freie Zeit verfügen können. Fangen Sie daher noch heute damit an, über mögliche Auszeiten nachzudenken, und setzen Sie diese in die Tat um.

Anregung

Oftmals bergen die elementarsten Beschäftigungen das höchste Ruhe- und Erholungspotential in sich, wie zum Beispiel schlafen und ausruhen. Doch eine Auszeit muss nicht unbedingt ruhig gestaltet werden. Vielleicht können Sie sich wunderbar bei einem Rockkonzert entspannen? Schauen Sie selber, was Ihre Erholung fördert:

Was würde ich gerne tun?

an einen See fahren und mit mir alleine sein, einfach nichts tun, mit dem Partner ein Glas Wein trinken und reden, Freunde treffen, ein gutes Buch lesen, einem Hobby nachgehen, ausgiebig baden, einen Vortrag besuchen, Saunabesuch, wöchentlicher Sportkurs, Chorprobe, Gitarrenunterricht, Ausflug …

Je regelmäßiger Sie Ihre Auszeiten nehmen, desto leichter wird es Ihnen fallen, einen Wechsel von der An- zur Entspannung nachzuvollziehen. »Trainieren« Sie sich daher immer wieder mit kleineren und größeren Auszeiten darin, Ihre Entspannungsfähigkeit zu fördern. Je freudvoller Ihre Auszeit für Sie ist, desto leichter fällt es, auch innerlich abzuschalten. Machen Sie daher etwas, was Ihr Herz erfreut.

Tipp:
Wenn Sie sich nach langer Entbehrung eine Auszeit nehmen, kann weniger oft mehr sein: Verplanen Sie Ihre Zeit daher nicht sofort mit Aktivitäten, sondern gehen Sie zunächst an einen Ort, an dem Sie einfach nur für sich sein können. Kommen Sie zu sich und spüren Sie in Ruhe nach, was Ihnen wichtig ist.

Wüstentage

Wüstentage kennen Sie vielleicht aus spirituell oder ganzheitlich orientierten Reisekatalogen – eine Woche oder länger in der Wüste verbringen, unter freiem Sternenhimmel schlafen, sich mit den Elementen der Natur und vor allem mit sich selbst auseinandersetzen, Weite, Stille und Ruhe atmen und schließlich gesättigt und voll innerer Fülle zurückkehren.

Um die Begegnung mit sich selbst zu suchen, brauchen Sie jedoch nicht in die Wüste zu reisen, sondern können dies auch zu Hause erleben – als Wüstentag: Versuchen Sie, einen ganzen Tag mit sich alleine zu verbringen und sich von Ihren üblichen Ablenkungen und Aufgaben fernzuhalten – kein Radio, kein Fernsehen, keine Gespräche, keine Erledigungen etc. Stellen Sie sich einfach vor, dass Sie sich wirklich in der Wüste befinden und sich nur mit dem beschäftigen können, was Sie mitgebracht haben. Vielleicht ein besonderes Buch, ein Instrument, Malsachen, Schreibzeug und natürlich ganz viel Zeit. Machen Sie alles, was Sie möchten, aber bleiben Sie mit sich selbst in Kontakt. Einsamkeit und Stille werden Ihnen dabei behilflich sein, sich selbst näherzukommen.

Während der Stillezeit können immer wieder Gefühle und Gedanken zum Vorschein kommen, die traurig stimmen. Wenn Sie möchten, lassen Sie Ihre Traurigkeit zu. Geben Sie dem inneren Druck nach und erfahren Sie die klärende und reinigende Wirkung des Zulassens und Annehmens eigener Gefühle. Spüren Sie, wie dadurch eine größere innere Ruhe in Ihnen entstehen kann, die sich bis in Ihren Alltag hineinzieht. Sie werden sich wieder präsenter und wahrhaftiger fühlen. Falls Sie Ihre belastenden Gefühle an diesem Tag lieber beiseiteschieben möchten, kann es helfen, diese aufzuschreiben und anschließend wegzulegen.

Anregung

Ein Wüstentag gibt die Möglichkeit, einem innewohnenden Wunsch nach Ruhe und Stille nachzukommen und sich mit sich selbst zu beschäftigen. Dafür braucht es eigentlich nichts, außer Zeit und Raum:

Wüstentag

- Telefon & Handy ausschalten, Anrufbeantworter einschalten
- Post & Zeitung im Briefkasten liegen lassen
- keine elektronischen Medien nutzen (Radio, Fernseher, Video/DVD, Computer etc.)
- Armbanduhr abnehmen
- Auto/Motorrad stehen lassen
- keinerlei Arbeit (Haus-, Büro-, …)
- schweigen
- nachdenken, nachspüren
- atmen, schauen, lauschen
- malen, musizieren, tanzen
- schreiben (Tagebuch, Gedichte etc.)
- in die Natur gehen
- meditieren, innehalten
- sich besinnen
- einfach »sein«
- bewusst nichts tun
- …

Falls Sie mit Partner oder Kindern zusammenleben, bedarf es meist einiger Absprachen, damit eine Wüstenzeit möglich wird. Suchen Sie gemeinsam nach Möglichkeiten und seien Sie dabei einfallsreich. Vielleicht ist es möglich, …

… sich abwechselnd um die Kinder zu kümmern und mit diesen etwas außer Haus zu unternehmen, damit sich jeder Partner mal auf einen Wüstentag freuen kann.
… den Kindern zu erklären, dass an einem bestimmten Tag nur ein Elternteil als Ansprechpartner zur Verfügung steht.
… Großeltern, Paten oder Freunde um Hilfe und Unterstützung zu bitten.
… sich einen Wüstentag zum Geburtstag oder zu Weihnachten zu wünschen.
… einzelne Wüstenstunden zu organisieren anstatt eines kompletten Tages.

Meditation I

... im Hier und Jetzt verweilen ...
... zur Ruhe kommen ...
... wahrnehmen, was ist ...

Meditation bedeutet, dass wir uns zu unserer inneren Mitte hin ausrichten. Sie unterstützt uns auf verschiedenen Wegen darin, den Kern unseres Selbst aufzuspüren und die positiven Erfahrungen mit in den Alltag zu nehmen. Alles kann zu einer Meditation werden, wenn wir uns einem bestimmten Aspekt mit voller Hingabe zuwenden – das kann ein Verweilen in Stille sein, die Beschäftigung mit Gefühlen, Gedanken und Bildern, wie auch die Ausrichtung auf unseren Körper, eine Tätigkeit oder Elemente der Umwelt (ein Baum, Geräusche etc.).

Wenn Sie mit einer meditativen Phase beginnen möchten, können zunächst belastende Gedanken, Gefühle und innere Bilder an die Oberfläche kommen, die bisher verdrängt und beiseitegeschoben wurden. Ein Anschauen und Loslassen der Anteile kann sehr zur geistigen und körperlichen Entspannung beitragen (s. »Meditative Innenschau«, S. 132, »Meditation II«, S. 100), ist aber kein Muss. Für jede Meditation gilt, dass Ihre persönlichen Bedürfnisse jederzeit Vorrang haben – dies betrifft sowohl Zeitpunkt als auch Dauer und Inhalt. Fühlen Sie sich frei, eine Meditation so zu verändern, dass Sie sich damit wohlfühlen (zum Beispiel Inhalte umwandeln, Meditation verkürzen, eigene Ideen einbringen).

Anregung

Begeben Sie sich an einen ruhigen Ort und setzen bzw. legen Sie sich bequem hin. Wenn Sie möchten, schließen Sie die Augen. Atmen Sie zu Beginn drei Mal sanft und tief durch und stellen Sie sich vor, wie Sie mit jedem Ausatmen einen Teil Ihrer Anspannung abgeben. Am Ende einer Meditation können Sie sich recken und strecken, tief einatmen und gähnen:

Lichtmeditation

Stellen Sie sich vor, dass sich irgendwo in Ihrem Körper ein helles, weißes Licht befindet, das direkt mit Ihrem göttlichen Ursprung in Verbindung steht und vollkommene Liebe ausstrahlt. Wo können Sie dieses Licht in sich wahrnehmen? Wie groß ist es? Wenn Sie das Licht außerhalb Ihres Körpers sehen, laden Sie es näher zu sich ein und schauen Sie, ob Sie ihm einen Platz im Körper geben möchten. Wenn nicht, ist das auch in Ordnung. Fühlen Sie nun, wie sich dieses strahlende Licht für Sie anfühlt. Welche wohltuenden Eigenschaften nehmen Sie wahr (Wärme, Licht, Liebe, Weite, Umarmtwerden, Erleichterung, Freude …)? Verbinden Sie sich damit und nehmen Sie diese in sich auf. Lassen Sie das Licht wachsen und sich in Ihrem ganzen Körper ausdehnen. Genießen Sie das Gefühl, durch und durch zu leuchten und zu strahlen. Lassen Sie, wenn Sie möchten, das Licht auch über Ihre Körpergrenzen hinaus wachsen und strahlen, so dass auch Ihre Umgebung in dieses Licht gehüllt wird. Nehmen Sie wahr, wie Sie innerlich anfangen zu lächeln, und genießen Sie dieses Gefühl noch für einen Moment.

Atemmeditation

Wählen Sie ein Wort aus, von dem Sie innerlich erfüllt sein möchten: Licht, Liebe, Danke, Freiheit, Segen … Sprechen Sie Ihr Wort bei jedem Ein- und Ausatmen in Gedanken aus und nehmen Sie wahr, wie das dazugehörige Gefühl allmählich Raum in Ihnen einnimmt und größer wird. Lassen Sie dieses Erleben zu einem Kreislauf werden: Atmen Sie ein und nehmen Sie das Gefühl in sich auf, atmen Sie wieder aus und geben Sie es weiter in die Welt. Auf diese Weise entsteht ein Kreislauf, dessen Fluss trägt und nährt.

Meditation II

Meditation kann auch bedeuten, dass wir uns bewusst Zeit für unsere Gefühle nehmen. Oft genug verdrängen wir diese in unserem Alltag und »vertrösten« uns auf später. – Doch widmen wir uns dann wirklich unseren inneren Belastungen, oder hoffen wir nicht vielmehr, dass sich die Dinge von selber regeln? Manchmal trifft es tatsächlich zu, dass belastende Gefühle durch positive Erlebnisse im Alltag ausgeglichen werden können; doch hin und wieder wird ein bewusstes Hinspüren und Hinwenden notwendig, um Linderung und Entlastung zu erfahren. Der hier vorgeschlagene Weg hilft dabei, den inneren Druck zu mindern, indem die Gefühle nicht länger unterdrückt, sondern zugelassen werden. Er führt über das Wahrnehmen und Annehmen zur Selbsthilfe.

Ein inneres Bild kann Ihnen dabei helfen, sich leichter auf Ihre Gefühle einzustimmen: Stellen Sie sich vor, dass Ihre Gefühle wie kleine Kinder sind, die sich Ihnen anvertrauen möchten und Ihre liebevolle Aufmerksamkeit brauchen. Wenden Sie sich ihnen mit Ihrer ganzen Aufmerksamkeit zu und sprechen Sie sanft mit ihnen. Je häufiger Sie den Kontakt zu Ihren Gefühlen aufnehmen, desto intensiver lernen Sie sich selber kennen und können leichter Wege finden, mit denen Sie sich wieder wohler fühlen können – trotz manch belastender Gefühle.

Zu Anfang einer Meditation ist es von Vorteil, wenn Sie die Zeit des Hinspürens eher großzügig bemessen. Sie werden jedoch recht bald bemerken, dass es auch guttun kann, sich lediglich für zwei Minuten zurückzuziehen. Eine kurze Zeit des Einfühlens, die einem Herzensgefühl entspringt, ist heilsamer als eine längere Zeit, zu der man sich zwingt.

Anregung

Setzen Sie sich an einen ruhigen Ort und richten Sie Ihre Aufmerksamkeit nach innen. Lassen Sie Ihren Atem ruhig werden. Spüren Sie Ihren Gefühlen und Empfindungen nach und seien Sie für sich selbst da:

Wahrnehmung & Benennung

Ich spüre in mich und nehme zunächst alles wahr, was da ist (Gefühle & Körperempfindungen): Ich benenne meine Eindrücke wertfrei, zum Beispiel: »Ich nehme Angst wahr, Unruhe und Wärme« oder: »Ich spüre kalte Füße, innere Anspannung und Vorfreude.«

Wenn Ihre Eindrücke angenehmer Natur sind, fühlen Sie sich intensiver ein und lassen diese dadurch größer werden. Vielleicht entstehen in Ihnen auch innere Bilder und Gedanken, die diese Vorstellung stützen können. Bei belastenden Gefühlen wählen Sie das drängendste heraus und widmen sich diesem:

Annahme & Selbstliebe

Ich spreche sanft mit mir und übernehme eine liebevolle, anerkennende Rolle. Alles darf jetzt da sein. Ich könnte zum Beispiel sagen: »Liebe/Lieber ………, ich sehe, dass du im Augenblick ganz viel Einsamkeit (Schwere, Erschöpfung etc.) spürst. Halte deine Gefühle nicht mehr zurück, lass sie da sein. Ich mag dich so, wie du bist. Ich bin für dich da.«

Bereits durch das Annehmen und Zulassen Ihrer Gefühle kann eine größere Ruhe und Entspannung in Ihnen entstehen. Spüren Sie nach, was Sie noch für sich tun können:

Selbsthilfe

Ich befrage mein Inneres, was ich benötige, damit ich mich besser fühlen kann, zum Beispiel: »Ich würde dir gerne helfen. Was kann ich für dich tun?« Wenn ich spontan eine Antwort aus meinem Inneren wahrnehme, folge ich ihr und versuche, sie umzusetzen. Falls ich keine Botschaft wahrnehme, kann ich in diesem Buch nachschauen, was mir jetzt helfen kann.

Entspannung für den Körper

Eine Entspannung des Körpers kann über viele verschiedene Wege erfolgen:

… saunieren, baden, auf dem Sofa liegen und der Stille lauschen, Autogenes Training, Massage (auch Selbstmassage: Gesicht, Füße etc.), den Atem in Ruhe fließen lassen, Fantasiereise …

Ihr Körper leistet Tag für Tag und Nacht für Nacht eine so großartige Arbeit, dass Sie ihm immer wieder mit sehr viel Achtung begegnen können. Danken Sie ihm für seine Leistung – Ihr Herz schlägt regelmäßig, Ihre Muskeln tragen Sie sicher, Magen und Darm verdauen das Essen, die Nieren arbeiten stetig … Möglicherweise gibt es Stellen, an denen Ihr Körper kränkelt; doch auch hier können Sie ihm ein »Dankeschön« entgegenbringen: »Danke, dass du alles dafür tust, um die Entzündung zu bewältigen. Danke, dass ich trotz der Schmerzen schwimmen gehen kann. Danke, dass ich den Arm wieder bewegen kann …«

Damit Ihr Körper Sie auf Ihrem Weg der Heilung unterstützt, benötigt er neben gesunder Ernährung und regelmäßiger Bewegung auch Phasen der Erholung und Entspannung. In manchen Zeiten genügt ihm zur Regeneration der Schlaf; doch wenn Anspannungen und Belastungen auf körperlicher, geistiger oder seelischer Ebene zunehmen, kann eine zusätzliche Unterstützung notwendig werden, damit der Körper seine Balance wiederfinden und halten kann. Denken Sie daher darüber nach, wie Sie Ihrem Körper eine regelmäßige Entspannung zukommen lassen können. Welche Maßnahmen können Sie in Ihren Alltag integrieren?

Anregung

Entscheiden Sie sich für ein bis zwei Maßnahmen, die Sie über einen längeren Zeitraum durchführen möchten – je beständiger Sie sich für eine Entspannungsmethode entscheiden können, desto eher und nachhaltiger können Sie deren entspannende Wirkung erfahren:

Entspannungsmeditation

Legen Sie sich bequem hin und atmen Sie drei Mal sanft und tief durch. Lassen Sie beim Ausatmen bereits einen Teil Ihrer Anspannung abfließen. Nehmen Sie wahr, wo Ihr Körper die Unterlage berührt, und spüren Sie nach. Richten Sie nun Ihre Aufmerksamkeit nacheinander auf Ihre einzelnen Körperpartien, beginnend beim Kopf und endend bei den Füßen. Sprechen Sie in Gedanken langsam und ruhig die Worte »Mein Gesicht ist entspannt. Ganz entspannt« (2- bis 3-mal), »Mein Kopf ist entspannt. Ganz entspannt« (2- bis 3-mal), »Mein Hals und meine Schultern sind ...« etc. Fahren Sie fort, bis Sie bei den Füßen und den Zehen angelangt sind. Schließen Sie die Entspannung mit den Worten ab »Ich bin entspannt. Ganz entspannt« (2- bis 3-mal) und genießen Sie noch für einen Moment das wohlige Gefühl der Ruhe.

Und natürlich ...

... ist es wohltuend, eine Entspannungsmethode zu erlernen: Progressive Muskelentspannung, Meditation, Yoga, Qi Gong, Klopfakupressur, Atemtechniken etc. Auch Entspannungs-CDs können unterstützend wirken.

... gibt es auch auf alternativmedizinischer und energetischer Ebene verschiedene Möglichkeiten der Entspannungsunterstützung: Schüßlersalze, Tees, Japanisches Heilströmen etc.

... fördert eine geistig-seelische Ausgeglichenheit die körperliche Entspannung: singen, musizieren, gute Gespräche, sich freuen, sich verwöhnen etc.

... hilft sportliche Betätigung dabei, die Entspannung zu fördern: Schwimmen, Joggen, Radfahren, Badminton, Tennis, Golf, Squash etc. Ebenso ist eine gezielte Dehnung der verspannten Muskulatur wohltuend.

Entspannung für Geist und Seele

Körper, Geist und Seele sind immer eng miteinander verbunden und bedingen sich gegenseitig – eine Entspannung auf einer Ebene wirkt sich immer auch auf die anderen Ebenen aus. Wenn Sie sich zum Beispiel einen lustigen Film ansehen, können Sie spüren, wie die Entspannung des Geistes (sich ablenken, auf andere Gedanken kommen) sich auch auf Ihren Körper und Ihre Seele auswirkt. Sie nehmen dann beispielsweise ein Gefühl von körperlicher Entspannung und Freude wahr. Umgekehrt verhält es sich natürlich ebenso: Wenn Sie Ihrem Körper oder Ihrer Seele etwas Gutes tun, eine wohltuende Massage oder ein Treffen mit einem guten Freund in angenehmer Atmosphäre, so werden Sie auf geistiger Ebene die Entwicklung positiver Gedanken beobachten können.

Achten Sie daher stets darauf, dass Sie sich mit Menschen umgeben und sich Situationen schaffen, die Ihnen guttun und mit Ihren Herzensbedürfnissen harmonieren. Alles, was Sie von Herzen gerne tun oder mögen, kommt Ihrer Entspannung zugute und stärkt naturgemäß Ihre innere Mitte.

> *Lachen und Lächeln sind Tor und Pforte, durch die viel Gutes in den Menschen hineinhuschen kann.*
> Christian Morgenstern

Anregung

Wo Ihre innere Mitte ist, da sind Freude und Entspannung, da sind Frieden und Erfüllung. Folgen Sie Ihrem Herzen und lassen Sie belastende Gedanken und Gefühle für einen Moment ruhen …

Lachen Sie!

- ❖ Besuchen Sie einen Lachyoga-Kurs.
- ❖ Schauen Sie sich lustige Filme an.
- ❖ Treffen Sie sich mit Menschen, die gerne und viel lachen.
- ❖ Gehen Sie ins Kabarett.
- ❖ Erzählen Sie sich Witze.
- ❖ Schauen Sie sich im Internet Filme oder Videos zum Thema »Lachen« an.
- ❖ Lesen Sie ein lustiges Buch oder einen Comic.
- ❖ Nehmen Sie Erinnerungsstücke in die Hand (Fotos, Postkarten, Mitbringsel etc.), die Sie an eine lustige Begebenheit erinnern.

Lieben Sie!

- ❖ Treffen Sie sich mit Menschen, bei denen Sie ganz Sie selbst sein können.
- ❖ Teilen Sie Menschen mit, was Sie an ihnen mögen.
- ❖ Teilen Sie jemandem mit, wenn Sie Liebe für ihn empfinden.
- ❖ Zeigen Sie Ihre Zuneigung. Machen Sie jemandem eine Freude.
- ❖ Lieben Sie sich selbst – ernähren Sie sich gesund, umgeben Sie sich mit Menschen, die Sie mögen und die Ihnen guttun, cremen Sie Ihren Körper ein, gehen Sie in die Sauna, kaufen Sie sich schöne Kleidung, tanzen Sie, musizieren Sie, singen Sie … Machen Sie alles, was Sie erfreut und Ihnen guttut.
- ❖ Kümmern Sie sich um andere Menschen (in der Nachbarschaft, ehrenamtlich im Altersheim, Kindergarten, bei einer Essenstafel etc.).
- ❖ Lieben Sie Ihre Umgebung – gestalten Sie Ihre Wohnung/Ihr Haus so, dass Sie sich darin wohlfühlen (gemütliche Sitzecke, schöne Bettwäsche, eigener Werkraum, schönes Geschirr, Pflanzen etc.).

Wohltuende Hände

Wir alle kennen unsere Hände als wohltuende Helfer in vielfältigen Situationen: Wir umarmen uns, halten uns zum Trost, legen die Hände auf verletzte Stellen, drücken und massieren den schmerzenden Nacken oder reiben kalte Hände aneinander. Oft helfen wir uns ganz intuitiv mit unseren Händen und spüren dabei, dass uns diese Zuwendung guttut. Wenn wir uns dabei Zeit lassen und uns ganz bewusst unserem Körper zuwenden, können wir die Energien in uns stärken und heilsame Entspannung erfahren.

Mit dem Auflegen der Hände können Sie sich selber ein Stück Geborgenheit und Wärme schenken und sich ganz bewusst zentrieren. Legen Sie dafür einfach Ihre Hände auf Ihren Körper, zum Beispiel auf den Bauch oder das Brustbein, und nehmen Sie ihn wahr. Spüren Sie Ihren Atem, die Muskulatur, die sich langsam lockert, Ihren Brustkorb, der sich hebt und senkt ... Lassen Sie die Energien fließen.

Anregung

Entspannen Sie Ihren Körper und treten Sie in Kontakt mit ihm:

Vorübung: Energie wahrnehmen

Reiben Sie Ihre Hände etwa 20 Sekunden fest aneinander und halten Sie Ihre Handinnenflächen anschließend in einem Abstand von ca. 2 cm aneinander. Konzentrieren Sie sich auf die Wärme zwischen Ihren Händen. Vielleicht spüren Sie auch ein Kribbeln oder Vibrieren. Wenn Sie Ihre Hände nun leicht voneinander entfernen und wieder zusammenführen, können Sie einen feinen Sog, wie bei einem Magneten, wahrnehmen. Bewegen Sie die Hände hin und her und spielen Sie mit dieser Energie.

Selbsterfahrung: Wärme und Geborgenheit schenken

Legen Sie Ihre Hände intuitiv auf beliebige Körperstellen und spüren Sie die Wärme Ihres Körpers. Lassen Sie sich dabei von Ihrer Intuition und Ihrem Gefühl leiten, wo und wie lange Sie Ihre Hände auflegen möchten: Welche Stellen und Positionen tun Ihnen gut? Wo und wann erfahren Sie Entspannung? Wie nehmen Sie diese wahr (Wärme, Kribbeln, Pulsieren, tiefer Atem ...)? Bleiben Sie für eine Weile liegen und genießen Sie Ihre Zuwendung.

Weiterführende Impulse

- Hören Sie sich währenddessen eine CD mit geführten Entspannungen, Meditationen oder Affirmationen an (s. »Empfehlenswerte Bücher & CDs«, S. 176).
- Sprechen Sie liebevoll mit sich, beispielsweise: »Ich bin gut, so wie ich bin.« Auch ein innerer Dialog mit einzelnen Organen oder Körperteilen ist möglich, zum Beispiel mit dem Herzen oder den Füßen. Visualisieren Sie Hilfe und Heilung.
- Spiritueller Impuls: Stellen Sie sich vor, dass Sie sich mit Ihren Händen Licht und Liebe schenken. Wenn Sie möchten, verbinden Sie sich dafür mit der göttlichen Kraft und Energie und bitten Sie um Hilfe und Segen für sich.

Wohltuende ...

... Zeit: Angenehm ist es, die Hände direkt vor dem Schlafengehen auf den Körper zu legen, da der Organismus dann bereits auf Ruhe eingestellt ist. Zudem können die Hände bequem abgelegt werden.

... Handpositionen: Bewährt hat es sich, beide Hände auf den Bauch zu legen, auf den Solarplexus (ca. zwei bis drei Fingerbreit über dem Bauchnabel) oder auf das Brustbein (Mitte der Brust). Ebenso angenehm ist es, jeweils eine Hand auf das Brustbein und den Solarplexus zu legen, auf das Brustbein und den Unterbauch oder auf die Leisten.

Mehr Muße im Leben

Zeiten der Muße sind immer eine Wohltat für die Seele; denn in ihnen verbinden sich Zeit und Ruhe mit einem Gefühl des Genusses. Es gibt wohl nichts Schöneres, als etwas in aller Ruhe tun zu können, was man liebt:

… ausgiebiges & gemütliches Frühstück, ein gutes Buch lesen, den ganzen Tag im Schlafanzug verbringen, Grillabend mit Freunden, Mittagsschlaf …

Wenn Sie mehr Muße in Ihr Leben holen möchten, bemühen Sie sich darum, Ihr Leben ruhiger zu gestalten und Ihre Aufgaben und Aktivitäten des Alltags zu hinterfragen: »Was ist sinnvoll? Was ist zu viel? Was mache ich gerne? Was kann ich ändern?« Nähern Sie sich Ihren persönlichen Mußezeiten an. Dabei geht es auch darum, die eigenen Grenzen abzustecken und »nein« zu Ablenkungen zu sagen. Das betrifft nicht nur den Kontakt zu anderen Menschen, sondern auch die Auseinandersetzung mit sich selber; denn der eigene Verstand ist dabei oft ein härterer Gegenspieler als manch andere Person.

Bringen Sie Ihrem Verstand ein klares und deutliches »Nein« entgegen, wenn er Ihnen ein schlechtes Gewissen machen und Sie zur Arbeit antreiben möchte. Machen Sie deutlich, dass diese Zeit der Ruhe und Muße jetzt nur Ihnen gehört, und üben Sie sich darin, sich selbst zu beruhigen. Es fällt viel leichter, sich von einer allgemeinen Hektik und Eile mitreißen zu lassen, als sich bewusst um Ruhe zu bemühen und sich von den Wünschen und Erwartungen anderer Menschen abzugrenzen. Probieren Sie verschiedene Wege aus, wie Sie zu mehr Ruhe und Muße im Alltag finden können: Reden Sie mit Ihren Mitmenschen, setzen Sie sich für mehr Ruhe ein, verteilen Sie Aufgaben neu, verändern Sie Ihre gewohnte Wochenstruktur, erproben Sie neues Denken und Handeln … Haben Sie Mut, neue Wege zu gehen, und entdecken Sie neue Möglichkeiten für persönliche Zeiten der Muße.

Anregung

Bringen Sie mehr Muße in Ihr Leben, indem Sie lernen, sich Zeit zu nehmen, Ihre Aufgaben ruhiger auszuführen und Ihre Aufmerksamkeit auf einzelne Aspekte auszurichten. Gestalten Sie Ihr Leben …

… freier …

- Aufgaben reduzieren: delegieren, abgeben, »nein« sagen, pausieren
- feste Verabredung mit sich selbst treffen, zum Beispiel regelmäßig einen Abend pro Woche frei von Terminen halten
- aufhören, einem bestimmten Ideal nachzueifern
- Fernsehkabel für drei Wochen einem Freund in die Hand drücken
- ermüdende Aufgaben hinterfragen und verändern: neu verteilen, seltener ausführen, abwechseln
- mal nicht ans Telefon gehen
- Tageszeitung abbestellen/für einige Wochen pausieren
- Zugang zu Internetforen löschen, Mails nur einmal pro Tag/Woche lesen

… langsamer & ruhiger …

- ruhiges Erledigen von Aufgaben – auch, wenn die Zeit drängt
- sich helfen lassen: Dachboden entrümpeln, kochen etc.
- eingesparte Zeit nicht neu verplanen, sondern mehr Zeit für Alltägliches nehmen: duschen, Gespräche, Pausen etc.
- immer wieder die eigene Mitte aufsuchen, sanft durchatmen und sich zentrieren
- ruhige Umgebung aufsuchen, damit die Sinne zur Ruhe kommen und eigene Gedanken, Gefühle, Visionen und Bilder Gestalt annehmen können

… bewusster …

- sich voll und ganz einer Sache widmen: essen (Fernseher aus), spazieren gehen (Handy aus), Besuch einladen (Telefon läuten lassen) etc.
- freie Zeit gestalten: »Was ist mir wirklich wichtig? Was macht mir Freude? Wer tut mir gut?«

Erholsamer Schlaf

Beende jeden Tag
und dann lass ihn los.
Du hast getan,
was du tun konntest.
Morgen beginnt
ein neuer Tag.

Ralph Waldo Emerson

Eine gute Basis

Der Schlaf ist eine unserer wichtigsten Regenerationsquellen. In ihm erholen wir uns und sammeln Kraft für einen neuen Tag – dies gilt sowohl für die körperliche als auch die seelisch-geistige Ebene. Wenn wir in unserem Alltag mit Sorgen belastet sind, spiegelt sich dies häufig in unserem Schlafverhalten wieder. Bei leichten Ein- und Durchschlafproblemen kann es dann schon helfen, sich wieder auf die Grundregeln eines gesunden Schlafs zu besinnen, um diesen zu verbessern.

Anregung

Schaffen Sie sich eine gute Basis für einen erholsamen Schlaf. Bereits kleine Veränderungen können eine große Wirkung haben:

Abdunkelung des Schlafzimmers

Lichtreize erschweren das Ein- und Durchschlafen. Sorgen Sie daher für eine ausreichende Verdunkelung Ihres Schlafzimmers durch Rollläden, Rollos oder Vorhänge. Vorübergehend hilft auch eine Schlafbrille.

Ruhe

Wählen Sie ein ruhiges Zimmer in Ihrer Wohnung; auch Ohrstöpsel, getrennte Schlafzimmer etc. können helfen.

Frische Luft & angenehme Zimmertemperatur

Schaffen Sie ein angenehmes Schlafklima. Lüften Sie kurz vor dem Schlafengehen oder lassen Sie das Fenster während der Nacht leicht geöffnet.

Ausgewogene Abendmahlzeit

Gehen Sie mit angenehm gefülltem Magen ins Bett – sowohl ein sehr voller als auch ein leerer Magen können die Schlafqualität beeinträchtigen.

Entspannung
Sorgen Sie vor dem Schlafengehen für eine Ruhezeit, damit Körper, Geist und Seele sich auf die kommende Nacht einstimmen können (zum Beispiel »Die ruhige Stunde«, S. 114).

Warme Füße
Helfen Sie sich mit warmen Fußbädern, einer Wärmflasche oder wärmenden Bettsocken.

Entspanntes Liegen
Gönnen Sie sich Bettwaren, die auf Ihre Bedürfnisse zugeschnitten sind. Sie sollten bequem liegen können und nicht frieren oder schwitzen.

Bett = schlafen
Richten Sie sich innerlich darauf aus, dass Ihr Bett nur zum Schlafen da ist. Gehen Sie nicht zu Bett, wenn Sie lediglich fernsehen oder lesen wollen.

Aufwachen in der Nacht
Versuchen Sie, ruhig zu bleiben. Wenn es Ihnen hilft, stehen Sie auf und tun Sie etwas anderes, zum Beispiel Schlaftee oder warme Milch mit Honig trinken, lesen, Musik hören, Kreuzworträtsel lösen. Legen Sie sich anschließend wieder hin. Auch das Hören einer Entspannungs-CD (s. Empfehlungen S. 178) kann helfen, wieder in den Schlaf zu finden.

Tipps:

- Zusätzlich können Mittel aus der Naturheilkunde oder Alternativmedizin dabei helfen, den Schlaf zu unterstützen, wie Schüßlersalze, Homöopathie, Bachblüten. Erkundigen Sie sich bei einem Heilpraktiker oder Arzt, welche Hilfen für Sie geeignet sein könnten.
- Auch geopathische Störfelder (Erdstrahlen etc.) und Elektrosmog können den Schlaf stören. Lassen Sie Ihren Bettplatz daher ggf. von einem Fachmann untersuchen und Abhilfe schaffen.

Die ruhige Stunde

Tagsüber werden wir oftmals mit so vielen Eindrücken konfrontiert, dass kaum Zeit bleibt, die eigenen Gefühle und Gedanken zu reflektieren und zu verarbeiten. Wenn wir dann am Abend übergangslos vom Tag- in den Nachtrhythmus wechseln wollen, nehmen wir unsere Belastungen häufig mit in den Schlaf – und wälzen uns umher.

**Ein wogendes Meer braucht Zeit,
um zur Ruhe zu kommen.**

Nehmen Sie sich schon vor dem Schlafengehen genügend Zeit, um zur Ruhe zu kommen. Es hat sich bewährt, eine ganze Stunde dafür einzuplanen, um auch bei intensiven Gefühlen und Gedanken zur Ruhe finden zu können. Wenn Sie diese Zeit nicht erübrigen können, passen Sie die Dauer an Ihre Möglichkeiten an. Alternativ zur »ruhigen Stunde« können Sie sich auch ein festes Ritual überlegen, das Sie jeden Abend durchführen möchten, zum Beispiel Schlaftee trinken, Tagebuch schreiben, Entspannungs-CD hören, schlafen gehen.

Anregung
Lassen Sie den Tag ruhig ausklingen und geben sie Körper, Geist und Seele die Gelegenheit, langsam ruhiger zu werden. So kann Ihr Schlaf wieder entspannter und erholsamer werden:

Eine Stunde vor dem Schlafengehen ...

... eine ruhige und angenehme Umgebung bereiten
Telefon und Fernseher ausstellen, Kerzen anzünden, schöne Musik hören, die Stille genießen, Tee trinken, es sich gemütlich machen ... Diese Zeit gehört Ihnen!

... dem Körper etwas Gutes tun
Verspannte Muskulatur dehnen, Entspannungsübungen durchführen, baden, Körper eincremen, Füße/Hände massieren, warme Milch mit Honig trinken oder Schlaftee, »Wohltuende Hände« (S. 106) etc.

... Beschäftigung mit ruhigen Tätigkeiten
Spaziergang am Abend, beruhigende Lektüre, Meditations-CD, rätseln, handarbeiten, Fotos einkleben, basteln, malen, Tagebuch schreiben, Kleidung wechseln & sich waschen etc.

... mit Gefühlen & Gedanken beschäftigen
Legen Sie belastende Gedanken und Gefühle bewusst zur Seite (s. »Geistige Ruhe«, S. 118), oder setzen Sie sich sanft und schrittweise damit auseinander: Dabei brauchen Sie nicht in die Tiefe zu gehen – oftmals genügt es schon, die obersten Spannungen abfließen zu lassen: Tränen zulassen, Wut abbauen, Trost finden, Sorgen von der Seele schreiben, sich mit einer Wohlfühlkiste befassen (S. 60). Beschäftigen Sie sich bewusst auch mit positiven Gedanken und Gefühlen, um einen angenehmen Abschluss des Abends zu finden, zum Beispiel »Wege zur Freude«, S. 26, »Das Gute sammeln & bewahren«, S. 29 ff.

Hinweis:
Die »ruhige Stunde« lässt sich auch dazu nutzen, um Schlafstörungen entgegenzuwirken. Dafür hat es sich bewährt, die Ruhephase immer zur gleichen Uhrzeit beginnen zu lassen und Veränderungen erst dann vorzunehmen (Ruhezeit verkürzen, später beginnen lassen etc.), wenn sich bereits eine langfristige Verbesserung des Schlafverhaltens eingestellt hat. Je nach Intensität der Schlafstörungen kann dies durchaus ein Jahr dauern, aber es lohnt sich, durchzuhalten: Auf diese Weise können Sie Körper und Geist auf »Schlaf« programmieren, so dass dieser wieder leichter fällt und erholsamer wird.

Tagebuch als Tagesabschluss

Das Führen eines Tagebuches kann Ihnen dabei helfen, die Gedanken und Gefühle eines Tages zur Ruhe zu bringen und den Tag abzuschließen. Mit einem Tagebuch treten Sie in einen inneren Dialog mit sich selber – in Stichworten, Sätzen, Bildern, Zeichen, Farben, Musik:

Gedanken und Gefühle mitteilen
klären und loslassen
Ereignisse des Tages betrachten
Erlebtes reflektieren
Belastendes abgeben
Wohltuendes hervorheben

Insbesondere dann, wenn Sie belastende Gedanken und Gefühle in sich tragen, können Sie mit Hilfe eines Tagebuches Entlastung erfahren. Sie geben Ihren Gedanken und Gefühlen auf diese Weise die Möglichkeit, aus Ihnen herauszufließen und sich zu verändern sowie weiterzuentwickeln. Dabei können immer auch wohltuende, neue Impulse entstehen, die Mut machen und aufbauen: gute Gedanken, Gefühle, Erinnerungen, Ideen etc. Ein Tagebuch schenkt Ihnen die Möglichkeit, das loszulassen, was Sie belastet, und jenes aufzunehmen, was Sie stärkt. Dies ist eine wohltuende Ausgangsbasis für den Schlaf.

Anregung

Schließen Sie den Tag mit einem Rückblick ab. Stichworte sind dabei genauso möglich wie ein ausführlicher Text oder ein Ausdruck auf musisch-kreativer Ebene:

Klassisches Tagebuch

Notizen von Gedanken und Gefühlen werden in einem eigens dafür vorgesehenen Buch aufgeschrieben.

Wochenbuch

Erlebtes wird im Rückblick einer gesamten Woche aufgeschrieben, zum Beispiel sonntagsabends als Ritual.

Ein-Wort-Notiz & Ein-Satz-Notiz

Jeder Tag wird mit einem einzigen Wort oder Satz kommentiert – mit dem Wichtigsten, was ihn ausgemacht hat. Dies geht sogar im Terminplaner!

Audiovisuelle Aufzeichnung

Erlebnisse, Gedanken und Gefühle werden auf Band gesprochen: Kassettenrekorder, Diktiergerät, Video etc.

Musisch-kreativer Ausdruck

Erlebtes findet einen musisch-kreativen Ausdruck, beispielsweise in Form einer Skizze oder eines Bildes über das, was Sie beschäftigt, mittels einer Farbe, die im Terminkalender Ihre Stimmungslage symbolisiert, oder auch als Notiz eines Musikstückes, das am besten die Gefühle und Ereignisse des Tages wiederspiegelt. Lassen Sie Ihrer Fantasie freien Lauf.

Umgang mit belastenden Gedanken und Gefühlen

- Machen Sie es sich zur Gewohnheit, einen belastenden Tag mit einem positiven Gedanken abzuschließen: Wie könnten sich die Dinge zu Ihrem Wohl weiterentwickeln? Was könnte Positives geschehen? – Lassen Sie Ihre kühnsten Hoffnungen, Vorstellungen und Träume zu und schreiben Sie diese auf. Es tut gut, sich immer wieder mit hoffnungsvollen Gedanken zu umgeben und diese mit in den Schlaf zu nehmen.
- Wenn Sie sich Inhalte von der Seele schreiben möchten, die Sie nicht in Ihrem Tagebuch aufbewahren möchten, nehmen Sie ein gesondertes Blatt Papier. Zudem ist es wohltuend, belastende Inhalte in einem anderen Raum als dem Schlafraum aufzuschreiben – so können die Sorgen auch symbolisch vor der Tür gelassen werden.

Geistige Ruhe

Insgesamt ist es für die innere Ruhe förderlich, wenn Sie bereits vor dem Schlafengehen eine Zeit einplanen, in der Körper, Geist und Seele langsam zur Ruhe finden können (s. »Die ruhige Stunde«, S. 114). Dennoch gibt es immer wieder Gedanken, die sich auch durch solche Ruhephasen nicht vollends beruhigen lassen. In diesen Fällen hilft es, wenn Sie sich darin üben, Ihre unerwünschten Gedanken loszulassen und abzugeben. Für viele Menschen ist dies zu Anfang mit einer Kraftanstrengung verbunden, da sich die Gedanken recht hartnäckig zeigen können. Doch bleiben Sie dran! Mit der Zeit fällt es leichter, die Gedanken zu steuern, und jene Phasen, in denen Sie Ihre Gedanken beiseitelegen können, nehmen zu.

Anregung

Lernen Sie, Ihre Gedanken in eine wohltuende Richtung zu lenken:

Briefumschläge

Besorgen Sie sich farbige Briefumschläge und weisen Sie jedem Umschlag einen Lebensbereich zu, wie Gelb – Arbeit, Grün – aktuelles Projekt, Orange – Freizeit, Blau – Schlafen. Die Briefumschläge erinnern Sie daran, dass es Zeiten gibt, in denen Sie sich mit belastenden Themen auseinandersetzen können, und Zeiten, die der Erholung und Entspannung dienen. Wenn Ihnen abends beispielsweise sorgenvolle Gedanken bezüglich Ihrer Arbeit kommen, legen Sie diese – in Gedanken oder auf einen Zettel geschrieben – in den entsprechenden Umschlag. Damit signalisieren Sie Ihren Gedanken, dass Sie diese durchaus wahrnehmen, sich aber jetzt nicht damit auseinandersetzen werden. So verschaffen Sie sich inneren Freiraum.

Gedanken »fliegen« lassen

Stellen Sie sich vor, dass sich an Ihrem Kopf eine Stelle befindet, aus der alle Ihre belastenden Gedanken den Weg in die

Freiheit antreten können. Vielleicht ist es eine kleine Öffnung, eine Rutsche oder ein feiner Strom, der nach draußen führt. Malen Sie sich aus, wie Ihre Gedanken automatisch von dieser Stelle angezogen und nach draußen befördert werden. Wenn Sie möchten, visualisieren Sie einen fließenden Strom, auf dem Ihre Gedanken beständig und leicht in die Nacht hinausfliegen. Dort werden sie von den Elementen der Natur, wie Luft, Wind und Mondschein, aufgenommen und transformiert.

Aufschreiben & Umwandeln

Verabschieden Sie sich buchstäblich von Ihren Ängsten und Sorgen, indem Sie diese auf Papier schreiben, das Sie anschließend entsorgen (zum Beispiel zerreißen). Was wünschen Sie sich anstelle Ihrer Ängste und Sorgen? Haben Sie einen konkreten Wunsch, vielleicht innere Ruhe oder Selbstvertrauen? Schreiben Sie einen neuen, positiven Gedanken auf und nehmen Sie ihn mit in den Schlaf, etwa: »Ich bin gut, so wie ich bin.«, »Ich kann das!«, »Ich treffe gute Entscheidungen.«, »Der morgige Tag wird gut laufen.«

Spirituelle Hilfe

Nehmen Sie ein Symbol, zu dem Sie sich hingezogen fühlen, zum Beispiel eine Engelfigur oder ein Teelicht. Schreiben Sie Ihr Thema auf einen kleinen Zettel, den Sie unter das Symbol legen. Bitten Sie Ihren Schutzengel (Gott etc.) um Hilfe für Ihr Anliegen und lassen Sie mit diesem kleinen Ritual Ihre Sorgen für die Nacht bei ihm. Geben Sie jeden weiteren sorgenvollen Gedanken sofort an Ihren Helfer weiter und haben Sie Vertrauen, dass dieser Ihnen helfen wird. Schlafen Sie beruhigt ein.

Sicher & geborgen schlafen

Um einschlafen zu können, benötigen wir immer ein gewisses Vertrauen, denn wir geben vor und während des Schlafs unsere Kontrolle ab – die unserer Muskeln, aber auch die unseres Geistes. Manche seelischen Prozesse können damit einhergehen, dass enorme Ängste bezüglich des Einschlafens auftreten, wie die Angst vor dem Zur-Ruhe-Kommen, dem inneren Loslassen und der Entspannung. Wenn Ihnen solche Ängste bekannt sind, können Sie durch Hilfen im Außen dazu beitragen, Ihre Gefühle der Sicherheit und Geborgenheit im Inneren zu stärken. Vielfach geht es dabei auch um ein Umsorgen des inneren Kindes (S. 22), das der Hilfe und des Schutzes bedarf.

Anregung

Wenn Sie Ängste vor dem Einschlafen in sich spüren, schaffen Sie sich vor dem Schlafengehen ganz bewusst eine liebevolle und friedliche Atmosphäre, so dass Sicherheit und Geborgenheit für Sie wieder in zunehmendem Maße fühlbar werden:

Wo & wie fühlen Sie sich wohl und geborgen?

- In welchem Raum schlafen Sie gerne? Wo fühlen Sie sich wohl und geborgen? Im Schlafzimmer, im Wohnzimmer …?
- Schlafen Sie lieber alleine in einem Raum oder sollte jemand bei Ihnen sein? Wenn Sie alleine leben: Können Sie Freunde zum Übernachten einladen oder haben Sie die Möglichkeit, für eine Weile bei Freunden zu übernachten?
- In welcher Schlafposition und mit welchen Hilfen fühlen Sie sich geschützt und sicher: Bauchlage, Seitenlage, klein zusammengerollt, in die Decke gehüllt, zusätzliche Bettdecke oder Kissen, Licht anlassen, Telefon ans Bett legen …
- Für Ihr inneres Kind kann es wohltuend sein, ein großes Stofftier neben sich liegen zu haben, das Geborgenheit und Schutz vermittelt. Auch eine Wärmflasche oder ein großes, gemütliches Kissen kann helfen.

- Haben Sie ein Haustier, das Ihnen Sicherheit und Geborgenheit vermittelt? Kann es bei Ihnen im Zimmer übernachten?

Gute Gedanken zum Einschlafen

- Lesen Sie Geschichten bzw. hören Sie Hörbücher, die Ihnen Gefühle von Vertrauen, Liebe, Geborgenheit und Frieden vermitteln; auch Kinderbücher eignen sich gut dafür.
- Hören Sie zum Einschlafen eine Entspannungs-CD.
- Sprechen Sie kurz vor dem Schlafengehen mit einem Menschen, der Sie auf gute Gedanken bringen kann.
- Schreiben Sie sich einen positiven Gedanken auf einen Zettel und legen ihn auf Ihren Nachttisch, zum Beispiel: »Ich bin beschützt.« »Alles ist gut.« »Ich bin in Sicherheit.«
- Halten Sie einen Talisman in der Hand, der Ihnen Zuversicht gibt, beispielsweise einen schönen Stein.
- Wenn Sie ein Kartenset oder Buch mit wohltuenden Gedanken und Sinnsprüchen zu Hause haben, ziehen Sie eine Karte bzw. schlagen Sie eine Seite auf und legen sich diese ans Bett.

Spirituelle Hilfen

- Sprechen Sie vor dem Schlafengehen ein Gebet. Bitten Sie um Schutz und Segen. Vielleicht möchten Sie auch ein Lied singen?
- Bitten Sie Ihren Schutzengel darum, dass er Ihnen Hilfe schickt, zum Beispiel innere Ruhe, Kraft, Liebe, Zuversicht, Vertrauen, Licht. Sie können beispielsweise sagen: »Lieber Schutzengel, bitte schicke mir Kraft. Ich bin offen für deine Kraft und nehme sie an. Danke.« Spüren Sie, wie diese in Ihnen größer wird.
- Stellen Sie sich vor, sich in Gottes beschützende Hände zu legen. Vertrauen Sie sich ihm an und geben Sie Ihre Kontrolle ab. Lassen Sie Ihre Ängste los – in Gott sind Sie vollkommen geborgen und geschützt.

Himmlische Helfer – ein spiritueller Impuls

Schlafen bedeutet …
… vertrauen, Kontrolle abgeben, loslassen, entspannen.

Engel sind in unserem Kulturkreis seit jeher Überbringer des Heils und der Freude. Sie beschützen, segnen und begleiten uns und geben Unterstützung in allen Lebenslagen. In Nächten, in denen wir wegen belastender Gefühle und Gedanken nicht in den Schlaf finden, führen Engel uns zurück in unser Vertrauen und unsere innere Stärke.

Vielleicht ist es ungewohnt für Sie, sich an Engel zu wenden. Wenn Sie es ausprobieren möchten, gehen Sie wie ein Kind an die Sache heran: offen, spontan, spielerisch, neugierig. Schauen Sie, wie es sich für Sie anfühlt und was sich in Ihnen dadurch verändert. Wenn Sie sich anderen himmlischen Kräften oder Personen nahe fühlen, können Sie natürlich auch diese ansprechen. Fühlen Sie sich frei, jene Helfer zu wählen, mit denen Sie sich wohlfühlen. Die nachfolgende Übung geht zurück auf eine Anregung von der Ärztin Barbara Schmid-Otto.

Anregung

Erleichtern Sie sich den Prozess des Einschlafens, indem Sie Ihre himmlischen Helfer um Unterstützung und Hilfe bitten:

Laden Sie vier Engel zu sich ein und bitten Sie diese darum, Ihnen zu helfen. Stellen Sie sich vor, dass an jeder Ecke Ihres Bettes ein Engel steht und die ganze Nacht für Sie da sein wird. Geben Sie diesen Engeln Namen. Seien Sie dabei ganz spontan und intuitiv. Was brauchen Sie jetzt? Sicherheit, Entspannung, Geborgenheit, Liebe? Dann benennen Sie Ihre vier Helfer genau so. Wenn Sie sich mehr Engel wünschen, ist das natürlich auch möglich. Vertrauen Sie Ihrem Gefühl und Ihren inneren Bildern – das, was Ihnen zuerst in den Sinn kommt, wird genau das Richtige sein:

Engel der/des ...

Vertrauens
Sicherheit
Liebe
Geborgenheit
Ruhe
Schutzes
Lichts
Lösung
Geduld
Loslassens
Friedens
Sanftheit
Heilung
...

Tipp:
Oftmals bitten wir unsere himmlischen Helfer erst dann um Hilfe, wenn wir bereits am Ende unserer Kräfte sind, wenn nichts mehr geht. Doch wir dürfen uns bewusst machen, dass wir immer um ihre Hilfe und ihren Beistand bitten können! Nicht nur nachts und bei großen Sorgen, sondern auch tagsüber sowie bei den kleinen Herausforderungen des Alltags. Fühlen Sie sich frei, spirituelle Hilfe anzunehmen, und geben Sie die eine oder andere Herausforderung mit der Bitte um Hilfe und Lösung nach oben ab. Engel sind immer für uns da.

Aufwachen & Aufstehen

Jeden Morgen haben wir die Gelegenheit, unseren Tag ganz bewusst zu beginnen. Selbst dann, wenn die Nacht nicht gut war oder wir bereits früh am Morgen mit belastenden Gedanken und Gefühlen aufwachen, haben wir immer die Möglichkeit, uns einen neuen, angenehmen Impuls zu setzen. Manchmal spüren wir dann unmittelbar eine Erleichterung, ein andermal braucht dies eine Weile – genauso wie bei einem Ritual, das seine volle Kraft und Wirkung auch erst mit der Zeit entfaltet.

Anregung

Schaffen Sie sich Rituale für einen guten Start in den Morgen:

Das Aufwachen verschönern

- Lassen Sie sich angenehm aus dem Schlaf wecken, zum Beispiel von einem Lichtwecker. Er simuliert den Sonnenaufgang durch langsam heller werdendes Licht und ermöglicht ein sanftes Aufwachen.
- Stellen Sie sich abends eine Thermoskanne mit heißem Tee ans Bett, so dass Sie morgens, noch im Bett liegend, etwas Warmes trinken können.
- Schaffen Sie sich im Schlafzimmer eine Wohlfühlatmosphäre: Fotos, Pflanzen, schöne Bettwäsche, gemütlicher Morgenmantel, Sammlung von Karten und Briefen lieber Menschen etc.
- Lassen Sie sich von guten Düften wecken und gönnen Sie sich eine Zeitschaltuhr für Ihre Kaffeemaschine, den Brotbackautomaten etc. Auch Lieblingsmusik am Bett kann wohltun.

Das Aufstehen erleichtern

- Kennen Sie jemanden, dem Sie sich mit etwaigen Aufstehschwierigkeiten anvertrauen können? Bitten Sie um einen morgendlichen Anruf, damit Sie leichter aus dem Bett kommen können. Lassen Sie sich Mut zusprechen und sammeln Sie Kraft und Energie für den Tag.

- Machen Sie sich abends vor dem Zubettgehen einen Plan, was Sie am nächsten Tag erledigen möchten. So wissen Sie schon morgens, was Sie erwartet, und können sich dadurch das Aufstehen erleichtern. Freuen Sie sich am Abend über alles, was Sie geschafft haben. – Auch, wenn dies nur ein kleiner Teil dessen ist, was Sie sich vorgenommen haben! Wenn Sie möchten, notieren Sie Ihre restlichen Aufgaben einfach auf einer neuen Liste.
- Falls Sie ein Haustier haben (Hund, Katze etc.), lassen Sie Ihre Schlafzimmertür einen Spalt offen, damit es zu Ihnen kommen kann.
- Legen Sie wichtige Termine, wie Arztbesuche, in die frühen Morgenstunden. Das kann den inneren Antrieb des Aufstehens verstärken.
- Stehen Sie immer zur gleichen Zeit auf.
- Schaffen Sie sich ein morgendliches Ritual, zum Beispiel: Musik hören, Tageskarte ziehen (s. Tipp-Kasten), aufstehen, duschen, frühstücken. Fügen Sie Ihrem Ablauf etwas bei, worauf Sie sich freuen können, wie Brötchen zum Aufbacken, besonders leckerer Saft bzw. Aufstrich oder Zeit für Stille. Gönnen Sie sich etwas Besonderes.

Tipp:
Mit guten Gedanken aufstehen: Gewöhnen Sie sich an, mit einem guten Gedanken aufzustehen. Stellen Sie sich eine Schachtel mit schönen Sinnsprüchen oder kleinen Texten auf Ihren Nachttisch und ziehen Sie morgens eine Karte. Richten Sie sich tagsüber immer wieder auf deren Inhalt aus und lassen Sie sich von den positiven Gedanken begleiten. Sie können auch einzelne Wörter notieren und diese ziehen, zum Beispiel: Licht, Liebe, Freiheit, Gelassenheit, Freude, Kraft, Ruhe, Weite.

Innere Klarheit finden – Entscheidungen treffen

Verehre die
unsichtbaren Kräfte,
die dich ständig umgeben
und versuchen,
dich auf den rechten Weg zu leiten.

Winnebago

Besinnung finden

In seelisch aufwühlenden Zeiten fällt es oft schwer, Klarheit in die eigene Gedanken- und Gefühlswelt zu bringen – zu belastend sind die Empfindungen und Gedanken, die das innere Gleichgewicht ins Wanken bringen und ein inneres Chaos entstehen lassen. Dabei wächst der Wunsch nach größerer Klarheit ebenso wie das Bedürfnis, dem Leben wieder einen positiven Impuls zu geben.

Nehmen Sie sich in diesen Phasen Zeit, um abseits Ihres üblichen Lebensumfeldes einen Moment mit sich selbst zu verbringen – eine halbe Stunde, einen Tag oder auch länger. Ein räumlicher Abstand hilft dabei, sich gezielt mit wichtigen Inhalten auseinanderzusetzen. Außerhalb der eigenen vier Wände und in einer Atmosphäre der Ruhe und Besinnung fällt es leichter, die eigenen Gedanken fließen zu lassen und neue Ideen willkommen zu heißen. Es können neue Impulse entstehen, die dem Leben eine positive Ausrichtung geben, und mitunter werden dabei auch schon Schritte erkennbar, wie diese umgesetzt werden können.

Suchen Sie für Ihre Besinnung einen Ort auf, der Ihnen Ruhe und Klarheit vermittelt und an dem Sie sich ganz auf sich selbst konzentrieren können. Auf diese Weise kann es nach und nach gelingen, aus den vielen Anteilen der Gefühle, Gedanken und Empfindungen ein Bild zusammenzusetzen, das eine größere Klarheit vermittelt.

Anregung

Nutzen Sie die heilsame Kraft einer inneren Einkehr und kommen Sie sich selber wieder Schritt für Schritt näher:

Orte der Besinnung

- Einsame Orte: See, Bach, Wald, bestimmter Baum, Segelboot, Strand, Berggipfel, Spaziergang durch Felder …
- Öffentliche Orte, die eine Besinnung auch im Beisein ande-

rer Menschen ermöglichen: Kirche, Kloster, Kapelle, Raum der Stille, Seminarhaus …

Inhalte einer Besinnung

- Einfach nur da sein mit sich selbst: Gefühle, Gedanken, Wind spüren, Atem fließen lassen …
- Auseinandersetzung mit Gefühlen und Gedanken zu einem bestimmten Thema, wie Fragen zu Beruf, Partnerschaft, Selbstfindung.
- Aufbauendes Selbstgespräch: Was mag ich an mir? Was kann ich gut? Wo liegen meine Stärken? Was habe ich schon geschafft? Was brauche ich, damit es mir besser geht? Wer kann mir dabei helfen? …
- Innere Einkehr in der Gruppe: Teilnahme an einem Seminar zu einem persönlichen Thema, zum Beispiel Neuorientierung, biographisches Schreiben, Trauerverarbeitung, Lebensfreude (in Seminarzentren, Klöstern, Praxen, bei Reiseveranstaltern etc.).

Tipp:
Klöster sind in besonderer Weise Orte der Besinnung und Orientierung. Ihre klare Struktur und Ordnung (Rituale, Gebetsangebote, Natur …) sowie ihre spirituelle Ausrichtung unterstützen das Wiederfinden der eigenen Ordnung und inneren Mitte. Ihr klares Gefüge und die sie umgebende Ruhe machen es leichter, sich auf das Wesentliche zu konzentrieren und sich jenen Fragen und Themen zu widmen, die persönlich von Bedeutung sind. Wenn Sie mögen, erkundigen Sie sich nach Klöstern in Ihrer Nähe, die eine persönliche Besinnungszeit für einen oder mehrere Tage ermöglichen.

Intuition trainieren

Intuition weist uns den Weg zu einem freudvollen Leben – sowohl zu unserer eigenen Freude als auch zur Freude unserer Mitmenschen. Wenn wir unseren innewohnenden Impulsen vertrauen, können wir unser Leben sehr viel leichter und vor allem in einem größeren Vertrauen leben. Doch allzu oft zweifeln wir an unseren Impulsen: Woher kommen sie? Entstammen sie wirklich unserer Intuition? Können wir uns auf unsere inneren Eingebungen, auf unser Gefühl verlassen?

Grundsätzlich hilft es, wenn wir uns bewusst machen, dass Intuition immer da ist. Es ist eine Frage unseres Bewusstseins und unserer Wahrnehmung, ob wir diese wahrnehmen. Beim Trainieren der Intuition geht es daher vor allem um eine Verfeinerung unserer eigenen Sensibilität gegenüber den Impulsen aus dem Inneren.

Manche Menschen beschreiben einen intuitiven Impuls als Bauchgefühl oder als Geistesblitz, doch Intuition kann sich auf vielen Wegen zeigen – als inneres Bild, Gefühl, körperliche Empfindung, Gedanke oder auch als eine Mischung davon. Finden Sie heraus, auf welchem Weg sich Ihre Intuition zeigt! Suchen Sie dafür kleine Situationen im Alltag auf, in denen Sie sich vermehrt Ihrem intuitiven Gespür zuwenden können. Durch häufiges Üben können Sie Ihre Wahrnehmung verfeinern und intuitive Impulse von anderen Impulsen (Verstand, Wunschdenken, Ängste etc.) unterscheiden lernen. Mit zunehmender Sicherheit werden Sie Ihr intuitives Gespür dann auch auf bedeutsamere Lebensbereiche ausweiten.

Anregung

Erproben Sie Ihre Intuition in vielen kleinen Alltagssituationen. Mit jedem positiven Ergebnis wächst Ihr Vertrauen in Ihre Wahrnehmung:

10-Minuten-Übung

Setzen Sie sich hin und schließen Sie für einen Moment Ihre Augen. Kommen Sie ein wenig zur Ruhe. Fragen Sie sich nun ganz einfach: »Wozu habe ich jetzt Lust?« Nehmen Sie wahr, was Ihnen als Erstes in den Sinn kommt. Folgen Sie auch dann Ihrem Impuls, wenn dieser sich auf eine eher ungeliebte Tätigkeit, wie vielleicht Staubwischen, bezieht. Sie werden erstaunt sein, mit welcher Leichtigkeit Sie auch ungeliebte Tätigkeiten ausführen werden, wenn diese einem intuitiven Handlungsimpuls entspringen.

Etwas verschenken

Gewiss befinden Sie sich manchmal an Orten, an denen Sie eine Atmosphäre oder auch Gegenstände wahrnehmen, die Sie an einen bestimmten Menschen denken lassen. Vielleicht spüren Sie dann den Impuls, demjenigen etwas mitzubringen und ihm eine Freude zu machen, doch Ihr Verstand oder Ihre Ängste halten Sie womöglich zurück. Vertrauen Sie öfter Ihrer inneren Eingebung und erproben Sie sich. Wenn Sie richtigliegen, können Sie einen wunderbaren Erfolg feiern. Sollten Sie falschliegen, lässt sich ein Geschenk meist umtauschen und Sie können sich trotzdem freuen: über Ihren Mut, neue Wege zu gehen und kleine Abenteuer zu wagen.

Fragen stellen

Schulen Sie Ihre Wahrnehmung durch gezielte Fragen, beispielsweise: »In welcher Kleidung fühle ich mich heute wohl? Was möchte ich jetzt gerne essen? Was kann ich kochen, wenn mein Besuch kommt? …« Achten Sie dabei auf spontane innere Bilder, Gedanken, Gefühle und Körperempfindungen.

Meditative Innenschau

Eine meditative Innenschau hilft dabei, persönliche Themen und Fragen in den Mittelpunkt zu stellen, um zu einer größeren Klarheit zu finden. Kommen Sie dafür zunächst innerlich zur Ruhe, damit Sie Ihren Blick leichter nach innen richten können. Zur Stärkung Ihrer inneren Ruhe stehen Ihnen unterschiedliche Möglichkeiten zur Verfügung: Das kann ein Spaziergang im Wald sein, ein Gespräch mit einem lieben Menschen, eine Entspannungsmethode etc.

Sobald Sie eine größere innere Ruhe in sich wahrnehmen, können Sie den Kontakt zu Ihrer Seele aufnehmen. Sie brauchen dafür nichts Besonderes tun, können dies aber durch Worte unterstützen, zum Beispiel: »Meine liebe Seele, bitte hilf mir dabei, mehr Klarheit über ___________ (Thema einfügen) zu erhalten. Ich danke dir.« Stellen Sie anschließend Ihre Frage und öffnen Sie sich für die Antworten, die aus Ihrem Inneren aufsteigen. Achten Sie darauf, was als Erstes in Ihnen auftaucht. Es gibt Antworten, deren Bedeutung sofort ersichtlich wird, und andere, die sich erst langsam erschließen.

Da die Antworten der Seele sehr fein und sanft sind, bedarf es häufig der Übung, um diese wahrzunehmen. Doch mit der Zeit fällt es leichter und die meditative Innenschau gelingt dann auch im Alltag, sogar beim Kochen, in der Straßenbahn oder in einer Besprechung. Die Grundlagen der meditativen Innenschau (innere Ruhe, Anbindung an die innere Mitte, Öffnung für Botschaften aus dem Inneren) wurden bereits in anderen Kapiteln aufgegriffen. Wenn Sie den Wunsch haben, Ihre Fähigkeiten des Einfühlens zu vertiefen, ziehen Sie jene Kapitel hinzu: »Was braucht mein Herz jetzt«, S. 52, »Meditation I« und »Meditation II«, S. 98 ff., »Besinnung finden«, S. 128.

Anregung

Gehen Sie Schritt für Schritt einer größeren Klarheit entgegen. Jeder Gedanke, jedes Gefühl und jedes Bild, das Sie erhalten, bringt Sie Ihrem persönlichen Ziel näher:

Über welches Thema möchte ich mehr erfahren?

Beziehung zu einem Menschen, persönliche Erkrankung, Veränderungen im Beruf, Konflikte, Wohnortwechsel, wichtiges bevorstehendes Gespräch, Ziele und Wünsche, eigenes bzw. fremdes Verhalten (Hintergründe, Verständnis entwickeln, neue Formen des Umgangs miteinander) …

Welche Fragestellung möchte ich in den Mittelpunkt rücken?

Was brauche ich in meiner Partnerschaft – welches Bedürfnis habe ich?
Warum bin ich ständig krank – was will mir mein Körper damit sagen?
Was bedeutet ein Umzug für mich – welcher Wunsch steht im Mittelpunkt?
Warum hat mein Kollege so reagiert – wie kann ich damit umgehen? …

Sie werden merken, dass manche Fragestellungen so komplex sind, dass mehrere Meditationen und Hilfen notwendig sein können, um diese gänzlich zu klären. Häufig ist es hilfreich, die meditative Innenschau auch mit anderen Methoden zu kombinieren, wie mit kreativen Ausdrucksformen (S. 138), Gesprächen oder dem Tagebuchschreiben (S. 116).

Kopf – Herz – Bauch

Kopf, Herz und Bauch spielen bei allen Entscheidungsprozessen eine Rolle. Sie repräsentieren den Verstand, die Liebe bzw. die Seele und das Gefühl. Jeder dieser Anteile schickt uns Impulse, mit denen er uns helfen möchte, eine für uns stimmige Entscheidung zu treffen. Doch leider fühlen wir uns durch die verschiedenen Impulse oft verwirrt, weil sie nicht immer im Einklang miteinander stehen und uns manchmal im Unklaren darüber lassen, welche Impulse die wichtigen für uns sind.

Kopf
Worauf will mich mein Verstand hinweisen?

Herz
Was ist mein Herzenswunsch?

Bauch
Welcher Gedanke/Welche Situation löst welches Gefühl in mir aus?

Finden Sie durch ein inneres Gespräch heraus, welche Ihrer Impulse für Ihre momentane Situation bedeutsam sind. Wenn Sie möchten, führen Sie das innere Gespräch während eines Spaziergangs in der Natur durch. So können Sie zugleich die positiven Energien der Natur aufnehmen und finden während des Gehens zu größerer Klarheit.

Anregung
Suchen Sie den inneren Austausch mit Kopf, Herz und Bauch:

Was sagen Kopf, Herz und Bauch zu meiner Situation oder Fragestellung?
Was geht in meinem Inneren vor? Wie geht es Kopf, Herz und Bauch? Welche Impulse und Hinweise erhalte ich? Kann ich die verschiedenen Wünsche und Bedürfnisse in Einklang bringen? Kommen vielleicht weitere Anteile hinzu,

zum Beispiel die Angst, der Mut, das Vertrauen oder die Hoffnung, die ebenfalls am Gespräch teilnehmen möchten?

Wichtige Entscheidungen möchten mit einem Gefühl der Stimmigkeit getroffen werden. Dafür braucht es oftmals eine längere Zeit der Entwicklung und Reifung. Wenn Sie das Gefühl haben, unter Druck zu stehen und bald eine Entscheidung treffen zu müssen, hinterfragen Sie Ihre Einschätzung. Öffnen Sie sich für neue Standpunkte und stärken Sie Ihre innere Ruhe, indem Sie beispielsweise mit anderen Menschen über Ihre Situation sprechen. Sie können sich auch selbst befragen: »Muss ich mich wirklich jetzt schon entscheiden? Hat das vielleicht noch Zeit? Was wäre, wenn ich mir mehr Raum ließe? Welche Möglichkeiten gibt es für mich?« Verdrängen Sie Ihre Gefühle und Gedanken nicht, sondern gestalten Sie Ihre Entwicklung ganz bewusst mit.

Aktiv werden

Manches Mal verharren wir in einem Entscheidungsprozess, weil wir nicht wissen, in welche Richtung wir gehen sollen. Dieser Stillstand kann heilsam sein, wenn wir ganz bewusst beschließen, uns mehr Zeit zu lassen, oder wenn wir den Lauf der Dinge abwarten wollen. Doch wenn wir verharren, weil wir Angst oder Hemmungen haben, uns mit einem Thema auseinanderzusetzen, kann daraus ein Verdrängen und »Vor-sich-Herschieben« werden, was viel Kraft und Energie kostet.

Überwinden Sie sich in diesen Situationen und werden Sie aktiv! Entlasten Sie sich von einem Teil Ihrer Anspannung, indem Sie beginnen, sich mit Ihrem Thema auseinanderzusetzen. Vielleicht möchten Sie sich jemanden zur Unterstützung hinzuholen, zum Beispiel eine Freundin. Sobald der erste Schritt getan ist, und beispielsweise ein wichtiges Telefonat getätigt oder ein Termin vereinbart wurde, fühlen Sie sich wieder leichter. Ballast fällt ab und jene Kraft und Energie, die Sie zuvor in ein Verdrängen und »Vor-sich-Herschieben« investiert haben, steht Ihnen wieder zur Verfügung. Überwinden Sie sich!

Anregung

Schaffen Sie eine größere Klarheit, indem Sie sich Ihrem Thema zuwenden. Jeder noch so kleine Schritt bringt Sie Ihrer Entscheidung näher:

In-sich-Spüren & Selbstbefragung

- Gehen Sie an einen ruhigen Ort, und spüren Sie nach, zum Beispiel: Welches Herzensbedürfnis haben Sie? Was bedeutet eine bestimmte Entscheidung für Sie? Was sagt Ihr Bauchgefühl, was sagt Ihr Verstand? Welche Entscheidung löst Sicherheit und Wohlgefühl aus? Welche bringt Freude? Welche Konsequenzen hat eine Entscheidung? Inwiefern bereichert die Entscheidung Ihr Leben?

- Erstellen Sie sich eine Pro-Contra-Liste mit allen wichtigen Aspekten, die für oder gegen eine Entscheidung sprechen. Welche Argumente wiegen mehr?

Informationen einholen

- Haben Sie noch offene Fragen? Suchen Sie Hilfe und Klärung durch Beratungsgespräche, Bücher, Vorträge, Broschüren, Recherche im Internet etc.
- Sprechen Sie mit Gleichgesinnten: Wie haben diese sich entschieden? Wie geht es ihnen damit? Würden sie sich wieder so entscheiden?

Entscheidung auf Probe

- Haben Sie die Möglichkeit, eine Entscheidung für eine gewisse Zeit auszuprobieren, bevor Sie sich endgültig entscheiden wollen, vielleicht für einige Tage, Wochen oder gar Monate?

Reden, reden, reden

- Reden Sie über Ihre Entscheidungsfindung! Durch Gespräche mit Freunden, Ihrem Partner, mit Bekannten oder Familienmitgliedern werden die eigenen Wünsche und Bedürfnisse oft klarer und Entscheidungen fallen leichter.
- Setzen Sie sich mit anderen Menschen zu einem Brainstorming zusammen. Sammeln Sie dabei zunächst völlig wertfrei alle Ideen, die Ihnen zu Ihrer Fragestellung einfallen, und wählen Sie erst in einem weiteren Schritt jene Anregungen aus, die Ihnen persönlich hilfreich erscheinen. Lassen Sie diese neuen Impulse weiter in sich wachsen und reifen.
- Bedarf es tatsächlich einer Entscheidung »für« oder »gegen« etwas, oder gibt es Mittelwege? Sprechen Sie auch hier mit anderen Menschen darüber; oft sehen diese mehr Handlungs- und Gestaltungsspielräume.

Kreative Wege

Auf dem Weg zu größerer Klarheit ist der Ausdruck eigener Gedanken und Gefühle stets von großer Bedeutung. Wenn wir das, was uns innerlich bewegt, aus uns herauslassen und ausdrücken, kann es sich leichter entfalten und weiterentwickeln.

Im kreativen Ausdruck werden neue Wege sichtbar.

Im kreativen Ausdruck heben wir unsere Gedanken und Gefühle auf eine neue Ebene der Auseinandersetzung. Mit Symbolen, Zeichen, Farben und Formen sprechen wir intuitiv einen anderen Zugang in uns an und können manches Thema neu betrachten. Ganz spontan, mitten im Tun, kann dabei eine neue Erkenntnis aufsteigen oder ein neuer Blickwinkel entstehen. Etwas in uns wird klarer, etwas fühlt sich stimmig an.

... Perspektiven entdecken, Belastendes loslassen, neue Ideen aufnehmen, positive Gedanken stärken, Klarheit finden ...

Für die kreative Auseinandersetzung benötigen Sie keinerlei kreatives Talent oder Geschick. Es genügt, wenn Sie offen sind für eine vielleicht noch neue, ungewohnte Schaffensform und sich auf den Prozess des Werdens und Entstehens einlassen möchten. Erleben Sie das Malen bzw. die Erstellung einer Collage als Befreiungs-, Erkenntnis- und Zielfindungsprozess. Sie können sich dabei einem bestimmten Thema zuwenden oder auch frei in den Prozess gehen. Schauen Sie, was sich entwickeln mag.

Anregung

Finden Sie über kreative Wege einen neuen Zugang zu persönlichen Themen und Fragestellungen:

Malen Sie auf, was Sie beschäftigt

Nehmen Sie ein Blatt Papier und einen Stift zur Hand und malen Sie spontan auf, was Sie bewegt. Skizzieren Sie Ihre Situation, Ihre Wünsche, Ihre potentiellen Entscheidungen etc. Überlassen Sie sich Ihren Gefühlen und Gedanken und folgen Sie ihnen mit dem Stift: Farben, Formen, Strichmännchen, Worte, Sätze, Symbole, einfarbig, bunt, groß, klein, sanft, stark … Malen Sie spontan und ohne Bewertung und vertrauen Sie sich Ihren Impulsen an. Sie werden erstaunt sein, wie sehr ein »Zu-Papier-Bringen« dazu beiträgt, Klarheit in konkrete Themen zu bringen. Die Übung geht zurück auf eine Anregung von Andrea Fischer, Kommunikations- und NLP-Trainerin.

Gestalten Sie eine Collage

Erstellen Sie aus Bildern, Worten, Sätzen und Farben eine Collage zu einem persönlichen Thema. Sie können dafür Material aus alten Zeitschriften zusammensuchen oder auch mit Farben, Stoffen, Stiften etc. experimentieren. Eine Collage eignet sich auch dazu, eine Affirmation aufzuschreiben, also einen positiven Gedanken, den Sie mit schönen Farben und Bildern gestalten können. Wenn Sie möchten, hängen Sie Ihre Collage in Ihre Wohnung, so dass Sie sich immer wieder mit Ihrem positiven Gedanken verbinden können.

Impulse für die kreative Arbeit

Wie sieht meine gegenwärtige Situation aus? Welche Gedanken und Gefühle bewegen mich? Wie kann ich mit Situation XY umgehen? Was ist mir wichtig im Leben? Wie kann ich mein Leben so gestalten, dass ich wieder zu mehr Kraft komme? Welche Wünsche habe ich für meine privaten Beziehungen? Welche Entscheidung ist für mich die richtige? Wie geht es mir, wenn ich mich für XY entscheide? Welche Talente und Fähigkeiten habe ich? Was macht mich glücklich? Was wünsche ich mir für meine Zukunft? Welche Sehnsüchte und Ziele habe ich? Was kann ich tun, um diese zu erreichen?

Nutzung des Körperbewusstseins

Der Körper
ist der Übersetzer der Seele ins Sichtbare.
Christian Morgenstern

Unser Körper sendet uns täglich viele Signale, mit denen er sich uns mitteilen möchte. Oftmals überhören wir im Alltag jedoch seine feinen Botschaften. Wenn wir uns darum bemühen, den Kontakt zu unserem Körper wieder aufzunehmen und seine Botschaften zu erspüren, können wir seine enge Verbindung zur Seele dafür nutzen, um in Entscheidungsprozessen zu einer größeren Klarheit zu finden. Ein inneres Stillwerden hilft uns dabei.

Lernen Sie die Sprache Ihres Körpers wieder kennen und bauen Sie Ihr Vertrauen in Ihre Wahrnehmung Stück für Stück auf. Erproben Sie sich zunächst bei kleinen, alltäglichen Entscheidungen und verfeinern Sie mit zunehmender Übung Ihr Gespür. Auf diese Weise können Sie Ihrem Gesamtbild bei Entscheidungsprozessen ein weiteres Puzzleteil hinzufügen.

Anregung
Nutzen Sie Ihren Körper als Kommunikationsmittel, um mit Ihrer Seele in Kontakt zu treten:

Thema bzw. Frage formulieren
Benennen Sie Ihr Thema bzw. formulieren Sie eine Frage, zum Beispiel: »Umzug nach XY« oder »Was bedeutet es für mich, wenn …?« Wenn Sie möchten, schreiben Sie sich Stichworte auf einzelne Zettel.

Innere Grundhaltung
Nehmen Sie eine ruhige, entspannte und neutrale Grundhaltung ein, in der Sie sich für die Antworten Ihres Körpers öffnen können. Atmen Sie dafür ein paar Mal ruhig ein und aus und begeben Sie sich so weit wie möglich in Ihre innere Mitte.

Zur Unterstützung Ihrer inneren Wertneutralität und Offenheit können Sie sich mit einem Satz darauf einstimmen, zum Beispiel: »Ich lasse alle meine Wünsche, Erwartungen und Vorstellungen los. Ich bin offen und neutral.«

Körper & Seele befragen

Nehmen Sie die innere Grundhaltung ein und richten Sie Ihr Anliegen an Ihren Körper und damit auch an Ihre Seele. Wenn Sie Ihr Thema auf einem Zettel notiert haben, können Sie diesen dabei in die Hand nehmen oder sich daraufstellen, um sich leichter damit zu verbinden. Spüren Sie nach: Welche Resonanz taucht in Ihnen auf? Was nehmen Sie wahr? Vielleicht …

☺ sicherer Stand, freie Atmung, entspannte Muskeln, tiefes Durchatmen, aufrechte Körperhaltung, Blick nach vorne, gelöster Kiefer, entspanntes Gesicht, lächeln, Gefühl von Wärme, Weite, Ruhe …

☹ unsicherer Stand, stockende Atmung, verdrehte Körperhaltung, Zusammenbeißen der Zähne, Blick nach unten, Anspannung, Gefühl von Schwere, Beklemmung, Unruhe, Enge …

Neben körperlichen Resonanzen lassen sich auch spontane Wörter, Sätze, Ideen, Bilder oder Gefühle wahrnehmen. Achten Sie zudem auf unvermittelte Impulse, wie das Bedürfnis, die Arme auszubreiten oder sich kleinzumachen. Alles dies sind Wege Ihres Körpers und Ihrer Seele, sich Ihnen mitzuteilen.

Hinweis:
Führen Sie Ihre persönliche Befragung durch, wenn Sie sich ruhig und klar fühlen und sich von eigenen Vorstellungen lösen können. Je näher Sie der inneren Grundhaltung kommen (innere Ruhe, Offenheit, Neutralität), desto klarer werden die Ergebnisse ausfallen. Wenn Sie das Gefühl haben, dass Sie sich momentan nicht genügend ruhig und zentriert dafür fühlen, verschieben Sie die Übung auf einen späteren Zeitpunkt.

Ich muss – Ich möchte

Manchmal geht es bei Prozessen der Klarheit und Entscheidungsfindung um eine veränderte Ausrichtung des Bewusstseins. Oft sprechen wir davon, dass wir bestimmte Dinge tun »müssen« (»Ich muss noch aufräumen, essen, einen Bericht fertigschreiben, zum Sport …«) und vergessen dabei, dass wir selber es sind, die unser Leben lenken und leiten. Jedes Mal, wenn wir einen Satz mit »Ich muss …« beginnen, können wir daher kurz innehalten und uns fragen:

Muss ich wirklich? Möchte ich es nicht auch?
Oder möchte ich wirklich lieber etwas anderes tun?

Spüren Sie nach, welchen Unterschied es macht, ob Sie von »müssen« oder »möchten« sprechen. Wählen Sie eine Aussage über etwas, von dem Sie meinen, dass Sie dies tun müssen, wie Geld verdienen oder zum Arzt gehen. Sprechen Sie Ihren Satz mehrmals mit den Worten »Ich muss …« laut aus und spüren Sie nach, wie sich dieser Satz für Sie anfühlt. Dann sprechen Sie den gleichen Satz mit den Worten »Ich möchte …« mehrmals laut aus. Welche Resonanz nehmen Sie in sich wahr? Was verändert sich durch den Wortwechsel?

Sicherlich haben Sie gemerkt, dass »Ich muss …« immer einen Beigeschmack von Druck und Zwang hat. Wir fühlen uns unfrei und haben das Gefühl, bestimmte Erwartungen erfüllen zu müssen. »Ich möchte …« hingegen kommt aus unserem Inneren und ist der Ausdruck eines persönlichen Bedürfnisses. Wir werden innerlich weit und merken, dass da ein Anliegen ist, das uns wichtig ist. Wenn wir etwas »möchten«, heißt das nicht immer, dass wir dies auch gerne tun, aber es bedeutet, dass es Sinn für uns macht. Statt »Ich möchte …« können wir auch sagen: »Es ist mir ein Anliegen, es ist mir wichtig, ich kann, ich darf …«

Der Satzbeginn »Ich möchte …« ist daher ein Hilfsmittel, das Sie darin unterstützt, sich Ihrer eigenen Wünsche und Bedürfnisse bewusst zu werden. Jedes Mal, wenn Sie Unbehagen beim Aussprechen eines »Ich möchte …«-Satzes in sich spüren, ist dies Zeichen und Aufforderung zugleich, genauer hinzuschauen und Ihre wahren Bedürfnisse und Wünsche aufzuspüren.

Anregung

Finden Sie durch ein kleines Wortspiel heraus, was Ihnen wirklich wichtig ist. Wechseln Sie von der Fremdbestimmung (»Ich muss …«) zur Selbstbestimmung (»Ich möchte …«):

Bisherige Redewendung: »Ich muss …«
lesen, Geburtstagsfeier planen, einkaufen, Sport treiben,
informiert sein (Nachrichten etc.), jemanden besuchen,
Zimmer renovieren, Keller aufräumen …

Muss ich das wirklich?
Ich muss nicht, aber vielleicht möchte ich es ja? Hat es eine
Bedeutung für mich? Ist es mir wichtig? Was würde passieren,
wenn ich es nicht täte? Wäre das so schlimm? Würde ich
tatsächlich lieber etwas anderes tun? Was wäre das?

Neue Wort- und Bewusstseinswahl: »Ich möchte …!«
… Sport treiben, weil es mir Spaß macht.
… putzen, weil ich es gerne sauber habe.
… nicht mehr täglich spülen und werde Geld für eine
Spülmaschine ansparen.
… meinen Geburtstag gar nicht feiern! Also lasse ich es!

Werden Sie sich bewusst, welche Ihrer Aufgaben Sie wirklich tun möchten und wo Sie sich eine Veränderung wünschen. Schon die vielen kleinen Alltagsentscheidungen bergen ein großes Veränderungspotential in sich.

Gut für sich sorgen & zurück ins Leben

Sei dir selbst
eine Insel.
Buddha

Einkaufen & Kochen

Gerade in Erschöpfungsphasen fehlt oft die Kraft für die »einfachsten« Dinge, wie Wäschewaschen, Tischdecken, Einkaufen und Kochen, so dass Kompromisse notwendig werden, die den Alltag erleichtern. Neben einer Vereinfachung einzelner Abläufe gehört dazu auch das Erbitten von Hilfe. Haben Sie den Mut, sich an Ihre Mitmenschen zu wenden. Trauen Sie sich! Ein großer Topf Suppe, eine Einkaufstüte vom Markt oder die Lieferung von Tiefkühlkost direkt ins Haus kann ein wahrer Segen sein.

Bitten Sie um Hilfe!

Fragen Sie Menschen aus Ihrem Umfeld, ob diese Einkäufe für Sie übernehmen können oder ob jemand hin und wieder für Sie (mit-)kochen bzw. das Kochen gänzlich übernehmen kann, jemand aus Ihrer Familie, Freunde, Nachbarn, Partner, ältere Kinder. Vielleicht gibt es auch die Möglichkeit, dass Sie zum Mittag- oder Abendessen zu Freunden (Familie etc.) gehen können? Selbst wenn Hilfe lediglich sporadisch oder einmalig möglich ist, verschafft dies schon Erleichterung.

Anregung

Finden Sie neue Wege und setzen Sie Prioritäten, damit das Einkaufen und Kochen für Sie wieder leichter zu bewältigen wird:

Das Einkaufen erleichtern

- Was fällt Ihnen leichter – öfter eine Kleinigkeit einkaufen oder hin und wieder einen Großeinkauf machen? Wer könnte Ihnen bei einem Großeinkauf helfen?
- Manche Geschäfte bieten einen Lieferservice an. Erkundigen Sie sich, ob es solche Geschäfte in Ihrer Nähe gibt.
- Legen Sie sich einen Vorrat mit lange haltbaren Produkten an, damit Sie in extremen Erschöpfungsphasen darauf zurückgreifen und manchen Einkauf ausfallen lassen können. Auch die Anschaffung einer Kühltruhe kann Erleichterung bringen.

Das Kochen erleichtern

- Bevorraten Sie Produkte, die Sie nur aufzuwärmen brauchen; es werden zahlreiche Fertiggerichte in Dosen, Gläsern oder als Tiefkühlkost angeboten.
- Erstellen Sie sich eine Liste mit Gerichten, die Sie schnell und einfach zubereiten können, wie Pfannkuchen, Suppe, Pellkartoffeln mit Spinat, Couscous mit Tiefkühlgemüse, Spaghetti. Hängen Sie die Liste zur Erinnerung an Ihren Kühlschrank.
- Kochen Sie nach Möglichkeit stets in großen Mengen. So können Sie die nachfolgenden Tage davon essen bzw. es in kleinen Portionen einfrieren und bevorraten. Auch Reis und Nudeln lassen sich gut vorkochen und portionsweise einfrieren.
- Das Kochen von »Ein-Topf« hilft dabei, Aufwand und Zeit zu sparen: Geben Sie alles in einen Topf und kochen Sie es gemeinsam, zum Beispiel Spaghetti mit Gemüse.
- Verabreden Sie sich mit Freunden zum gemeinsamen Kochen. Gemeinsam fällt es leichter und macht zudem Spaß.
- Haben Sie neben Nüssen immer auch Obst und Rohkost zu Hause, so dass Sie auch dann etwas essen können, wenn Ihnen die Kraft für die Zubereitung fehlt: Äpfel, Bananen, Gurken, Tomaten, Möhren, Paprika … Auch Joghurts und Multivitaminsäfte helfen weiter.
- Ebenfalls hilfreich ist eine Mensa oder Kantine in der Nähe, die Sie hin und wieder aufsuchen können, etwa im Krankenhaus, in der Universität oder in einem Bürogebäude.

Hinweis:

Generell ist die Zubereitung und das Essen frischer Nahrungsmittel immer einem Fertiggericht vorzuziehen. Doch wenn die Kraft für das Kochen fehlt, können Fertiggerichte dabei helfen, die eine oder andere Mahlzeit zu überbrücken. Im Ernstfall ist ein Eintopf aus der Dose besser als das Ausbleiben einer warmen Mahlzeit mangels Kraft!

Essen können

Essen ist eines unserer Grundbedürfnisse. Wir brauchen Nahrung, um Energie und Kraft für den Tag und die Nacht zu haben. Wenn wir uns in einer emotional belastenden Zeit befinden, merken wir dies sehr häufig beim Essen – uns fehlt der Appetit, wir vergessen das Essen oder haben das Gefühl, nichts herunterzubekommen.

Sie können sich in diesen Zeiten helfen, indem Sie sich auf jene Lebensmittel ausrichten, die Sie relativ leicht essen können. Selbst wenn dies nur ein oder zwei Lebensmittel sind, können Sie sich dadurch schon die Zeit erleichtern. Oftmals tritt dabei ein bestimmter Geschmack in den Vordergrund, eine Konsistenz oder auch eine Temperatur. Machen Sie die feinen Nuancen ausfindig, wie Sie Ihrem Essen wieder eine positive Note geben können. Gehen Sie beim Einkaufen mit neuem Blick durch die Regale: Worauf hätten Sie Appetit? Was könnte Ihnen gefallen? Gönnen Sie sich auch mal etwas Besonderes!

Oftmals spielen auch die begleitenden Umstände des Essens eine Rolle, zum Beispiel ob Sie alleine essen oder in Gesellschaft. Probieren Sie aus, was Ihnen guttut, und schaffen Sie sich jene Bedingungen, die Sie brauchen, um wieder leichter essen zu können.

Anregung

Machen Sie sich das Essen wieder leichter zugänglich, indem Sie Ihre Aufmerksamkeit sowohl auf die Beschaffenheit von Lebensmitteln als auch auf die begleitenden Umstände des Essens richten. Wann fällt es Ihnen leichter zu essen? Und was fällt Ihnen leichter zu essen?

Konsistenz – Geschmack – Temperatur

- hart & knackig: Knäckebrot, Zwieback, Brötchen, Cornflakes, Knuspermüsli, Nüsse, festes Obst und rohes Gemüse (Äpfel, Birnen, Weintrauben, Karotten, Kohlrabi, Gurken) …

- weich & flüssig: Suppen, Eintöpfe, Kartoffelpüree, gekochtes Gemüse, Haferflocken, Hirse, Reis, Joghurt, Pfirsiche, Bananen, Wassermelonen …
- süß: Früchtemüsli, Marmelade, Nussnougatcreme, Milchreis, Pfannkuchen, Joghurt, Quark, Honig, Bananen, Mangos …
- sauer & bitter: Grapefruit, Essiggurken, Sauerbraten, eingelegte Artischocken …
- würzig & salzig: Schinken, Gebratenes, Fisch, Zwiebelbrot, Laugenbrezel …
- warm, heiß, kalt …

Was tut Ihnen noch gut?

- Fällt es Ihnen leichter, in Gesellschaft zu essen, oder wenn Sie alleine sind? Verabreden Sie sich ggf. mit Freunden (Kollegen, Familie etc.) zum gemeinsamen Essen.
- Sorgen Sie für eine angenehme Atmosphäre: Zünden Sie eine Kerze an, hören Sie schöne Musik oder genießen Sie die Stille, stellen Sie frische Blumen auf …
- Achten Sie darauf, regelmäßig und ausreichend zu essen. Erfragen Sie wiederholt Ihre Bedürfnisse (»Brauche ich etwas zu essen? Habe ich Hunger?«) oder planen Sie von vornherein mehrere Mahlzeiten pro Tag ein.
- Hilft Ihnen Ablenkung während des Essens? Sie können mit Bekannten telefonieren, in einer Zeitschrift lesen, umherlaufen und irgendetwas tun (Wäsche falten, aufräumen etc.), Fernsehen schauen, sich zu Musik bewegen, Radio hören.
- Begegnen Sie Ihrem Essen mit positiven Gedanken, zum Beispiel: »Mein Essen ist von Licht umhüllt und nährt mich.«, »Mein Essen ist Heilenergie, es heilt mich von innen.«

Freundschaftliche Kontakte

Freunde sind wichtige Menschen in unserem Leben. Sie begleiten uns auf unserem Weg und erleben vielfach unsere Höhen und Tiefen mit. Gerade in intensiven Krisen spüren wir, dass diese Beziehungen uns auch mit unseren eigenen Unsicherheiten konfrontieren: Haben wir den Mut, uns in unserer Not zu zeigen? Erzählen wir von unseren Sorgen? Können wir unsere Tränen fließen lassen, um eine Umarmung bitten, Trost annehmen? Rufen wir an, wenn wir Hilfe brauchen? …

Das Große ist nicht, dies oder das zu sein,
sondern man selbst zu sein.
Søren Kierkegaard

Es ist immer wieder eine Herausforderung, man selbst zu sein. Wenn es Ihnen schwerfällt, sich mit inneren Belastungen zu zeigen, öffnen Sie sich behutsam, Schritt für Schritt. Ihre Bedürfnisse und Sehnsüchte, die von Tag zu Tag sehr unterschiedlich sein können, weisen Ihnen den Weg: Mal haben Sie vielleicht das Bedürfnis, sich mitzuteilen und Gefühle zu zeigen, ein andermal möchten Sie über Ihre inneren Belastungen hinweggehen und sich ablenken. Beides ist wichtig und hat seine Berechtigung.

Anregung

Wir alle brauchen Menschen, denen wir uns so zeigen können, wie wir sind – mit aller Leichtigkeit und Schwere. Haben Sie den Mut, sich bei einzelnen Menschen zu öffnen, so dass wohltuende Begegnungen entstehen können:

Mut zur Offenheit

- Wem würden Sie sich gerne öffnen und anvertrauen? Zu wem fühlen Sie sich hingezogen? Seien Sie mutig und wagen Sie den ersten Schritt! Erzählen Sie von sich und zeigen Sie, wie es Ihnen geht. Viele Menschen sind dankbar für das entgegengebrachte Vertrauen und öffnen sich dann ebenfalls leichter.

- In einer ruhigen Atmosphäre kann es leichter fallen, sich zu öffnen. Wählen Sie für ein persönliches Gespräch einen Ort, an dem Sie sich wohl und ungestört fühlen, vielleicht zu Hause oder bei einem Spaziergang in der Natur. Sie können direkt von sich erzählen oder auch mit einer Frage beginnen (»Es geht mir gerade nicht so gut…«, »Kennst du das Gefühl, dass …?«).
- Nicht jedes Gespräch fällt zu Anfang leicht – auch nahestehende Menschen bringen oftmals Ihre eigenen Unsicherheiten mit. Geben Sie beiden Seiten daher die Chance, sich in Offenheit zu üben und sich gemeinsam weiterzuentwickeln. Mit der Zeit können auf diese Weise tiefe Verbindungen entstehen, die bereichern und stärken.
- Bitten Sie um Hilfe (»Kannst du mir helfen? Hast du Zeit für mich? Darf ich dich anrufen, wenn es mir nicht gutgeht? …«). – Nehmen Sie sich fest vor, Hilfsangebote auch anzunehmen!
- Ziehen Sie sich in einer Phase des Rückzugs nicht gänzlich zurück, sondern bleiben Sie in Kontakt. Rufen Sie an, schreiben Sie, verabreden Sie sich …
- Schaffen Sie auch für Ihre Mitmenschen eine Atmosphäre der Offenheit: Schenken Sie Zeit, hören Sie zu, bieten Sie Hilfe an … Das, was Sie in eine Beziehung hineingeben, kann vielfach zu Ihnen zurückkehren!

Machen Sie sich bewusst, …

… dass es stets Veränderungen in Beziehungen gibt. Lassen Sie sich nicht entmutigen, wenn sich manche Kontakte auseinanderentwickeln. In Krisenzeiten wächst oftmals die eigene Klarheit darüber, wer und was guttut. Manchmal stehen Veränderungen an, die traurig stimmen. Doch immer wieder kann es auch wohltuende Erfahrungen geben, wenn bestehende Kontakte sich vertiefen oder neue hinzukommen.

Verabredungen wahrnehmen

Verabredungen sind normalerweise ein Grund zur Freude, weil wir uns mit Menschen treffen, die wir mögen, und unsere Zeit mit Aktivitäten verbringen, die uns etwas bedeuten. Wenn wir uns jedoch nicht gut fühlen, geraten wir häufig in einen inneren Konflikt – einerseits möchten wir uns leicht und unbeschwert fühlen und einfach eine schöne Zeit verbringen, andererseits spüren wir aber auch unsere inneren Belastungen, die unsere Pläne und Wünsche durchkreuzen.

Der Schlüssel für eine wohltuende Zeit liegt dann oft in uns selber. Wir brauchen Klarheit über unsere Befindlichkeit (Wie fühle ich mich?) und unsere Bedürfnisse (Was würde mir jetzt guttun?) sowie den Mut, diese auch zu zeigen und zu äußern. Es wirkt entlastend, wenn wir uns so zeigen können, wie wir uns fühlen; denn dann können wir innerlich loslassen und uns wirklich entspannen.

Sicherlich kennen Sie das Gefühl, dass es Menschen und Situationen gibt, bei denen Sie sich öffnen können, und andere, wo dies undenkbar erscheint. Vertrauen Sie Ihren Gefühlen, ob und wann Sie sich jemandem öffnen möchten. Eine persönliche Krise macht stets sensibler gegenüber sich selbst und anderen, und so werden Sie spüren, wann Sie den nächsten Schritt hin zu mehr Offenheit gehen möchten. Darüber hinaus haben Sie immer auch die Möglichkeit, die Rahmenbedingungen eines Treffens so zu gestalten, dass Sie sich damit wohlfühlen.

Anregung

Was fördert Ihre innere Ruhe? Was entlastet Sie? Welche Menschen tun Ihnen gut? Mit wem fühlen Sie sich wohl? …

Persönliche Bedürfnisse & Vorlieben

- Mit welchen Menschen sind Sie gerne zusammen?
- Welche Aktivitäten tun Ihnen gut? Wofür reichen Ihre Kräfte? Was bereitet Ihnen Freude?

- Brauchen Sie zwischendurch Ruhepausen oder Rückzugsmöglichkeiten?
- Planen Sie gerne im Voraus oder ziehen Sie spontane Verabredungen vor?

Wohltuende Rahmenbedingungen & Offenheit

- Äußern Sie Ihre Bedürfnisse bezüglich Zeit, Ort, Aktivität und Dauer eines Treffens. Überlegen Sie sich ggf. Alternativen, um an einem Treffen teilnehmen zu können, zum Beispiel später hinzukommen, früher gehen.
- Bringen Sie sich bei Planungen so ein, wie Ihre Kräfte es zulassen, beispielsweise Baguette zu einer Party mitbringen statt eines selbst gemachten Salates.
- Planen Sie bei Bedarf Ruhepausen ein: spazierengehen, ausruhen und hinlegen, kurz nach Hause fahren und später noch mal wiederkommen …
- Erleichtern Sie sich einen vorzeitigen Aufbruch, indem Sie zum Beispiel Freunde über diese Option informieren, individuell an-/abreisen, im Theater einen Sitzplatz am Rand wählen.
- Zeigen Sie nach Möglichkeit, wie es Ihnen geht, und teilen Sie sich mit. Investieren Sie keine Energie in ein »Ich tue so, als ob es mir gutgeht«. Das strengt zusätzlich an und erschöpft. Seien Sie möglichst ehrlich, etwa indem Sie Erschöpfung zeigen, Belastungen ansprechen, Gefühle zulassen, Belastungsgrenzen benennen.
- Nehmen Sie jemanden zur Verabredung mit, der Ihnen guttut.
- Gestalten Sie bei weiteren Entfernungen sowohl die An-/Abreise als auch den Aufenthalt so angenehm wie möglich: Bahn, Auto (Selbst-/Mitfahrer), Übernachtung bei Freunden, im Hotel, Einzelzimmer …
- Sagen Sie eine Verabredung auch mal ab, wenn Sie das Bedürfnis danach haben.

Willkommen!

Bereits ein auswärtiges Treffen mit Freunden kann eine wohltuende Wirkung haben, doch wenn Sie nette Menschen zu sich nach Hause einladen, verstärkt dies das Gefühl, wieder aktiv am Leben teilzunehmen, um ein Vielfaches. Sie können die positiven Auswirkungen sogar dann noch spüren, wenn der Besuch sich schon längst wieder verabschiedet hat: Sie können sich belebter, energiegeladener, erfüllter und fröhlicher fühlen. Es sind wohltuende Erfahrungen, die guttun und Mut machen für weitere Aktivitäten.

Vielleicht zögern Sie noch bei dem Gedanken daran, eine Einladung auszusprechen. »Bin ich dem gewachsen? Habe ich genug Kraft dafür?« Fangen Sie im Kleinen an! Denken Sie nicht gleich an eine große Gruppe, sondern laden Sie erst mal einzelne Personen ein, und zwar jene, mit denen Sie sich wirklich wohlfühlen. Dabei geht es nicht um eine Rundumbewirtung Ihres Besuchs, sondern darum, einfach jemanden zu Hause zu haben, mit dem Sie gemeinsam eine schöne Zeit verbringen können. Laden Sie zu etwas ein, was Ihnen selber Freude bereitet und leichtfällt.

Anregung

Heißen Sie das Leben willkommen, indem Sie freundliche Menschen zu sich einladen. Gestalten Sie Ihre Einladung so, dass Sie sich auch bei geringer Belastbarkeit und mit eingeschränkten Kräften wohlfühlen:

Besuch

- Möchten Sie lieber eine einzelne Person einladen oder eine Gruppe?
- Mit wem fühlen Sie sich wohl? Mit wem sind Sie gerne zusammen? Freunde, Bekannte, Familie, Kollegen, Nachbarn, Verwandte …

Einladungsideen

- Urlaubsfotos anschauen, Fußball-, DVD-, Kamin-, Spieleabend
- Frühstück, Kaffeetrinken, Waffeln, Plätzchen & Tee, Abendessen
- gemeinsamer Kochabend oder Backnachmittag
- Kreativtag: nähen, basteln, malen, stricken, puzzeln, werken …
- Geburtstagsfrühstück, Neujahrsumtrunk, Gartenparty, Adventsfeier …
- Kombination mit auswärtiger Aktivität, beispielsweise Teetrinken mit anschließendem Besuch eines Handwerkermarktes

Hilfen für eine leichte Umsetzung

- Holen Sie Kuchen bzw. Plätzchen vom Bäcker, anstatt selber zu backen.
- Bestellen Sie den Pizzaservice und kümmern Sie sich nur noch um Getränke und Salat.
- Laden Sie zum gemeinsamen Kochen ein. Dies entlastet und macht Spaß. Sie können Ihre Gäste auch anderweitig um Mithilfe bitten, indem diese Kochzutaten oder einen Salat mitbringen.
- Geben Sie Ihrer Einladung von vornherein einen festen zeitlichen Rahmen, zum Beispiel Kaffee & Kuchen von 16:00 bis 17:00 Uhr.
- Wenn Sie befürchten, dass Sie kräftemäßig unvermittelt abbauen und Erholung brauchen, teilen Sie dies Ihren Gästen schon vorher mit – so fällt es Ihnen im Bedarfsfall leichter, sich beispielsweise hinzulegen und für eine Weile auszuruhen.
- Bitten Sie bei Feierlichkeiten darum, dass man Ihnen, statt Geschenke mitzubringen, bei der Planung und Durchführung Ihrer Feier hilft: Getränke besorgen, Speisen mitbringen, beim Eindecken helfen etc.

Vorträge, Kurse & Co.

Wir sollten viel öfter von ganzem Herzen etwas tun,
das kein Ziel verfolgt, keine Eile hat
und sich nicht lohnen muss.
Verfasser unbekannt.

Viel zu oft denken wir über Vorhaben nach, die einem bestimmten Zweck dienen, wie der Besuch eines Rückenkurses wegen der Rückenschmerzen oder ein Kurs in Business-Englisch wegen des Berufs. Wir erkennen solche Vorhaben häufig daran, dass wir denken: »Ich müsste mal …!« Sie sind gewiss sinnvoll und nützlich. Aber gestatten wir uns, auch mal etwas zu tun, was nur unserem Wohlgefühl dient? Was keinen späteren Zweck verfolgt, sondern einzig und allein dafür da ist, uns Freude zu bereiten?

Welche Impulse nehmen Sie in sich wahr, die gelebt werden möchten? Welche Wünsche liegen in Ihnen, die Freude bereiten?

Entdecken Sie sich selbst und die Welt neu. Haben Sie den Mut, sich auszuprobieren! Was könnte Ihnen Spaß machen? Wollten Sie vielleicht immer schon mal Tangotanzen lernen oder Fallschirmspringen, einen Fotokurs besuchen, Spanisch sprechen können oder einen Motorradführerschein machen? Welchen Wunsch tragen Sie in sich? Folgen Sie Ihren inneren Impulsen.

Anregung

Gehen Sie Ihren Herzenswünschen nach und machen Sie etwas aus einem Gefühl der Freude oder Offenheit heraus. Lassen Sie sich von den Beispielen inspirieren:

Angebote von Volkshochschulen, Kirchen, Praxen, privaten Schulen, Familienbildungsstätten, Sportzentren, Stiftungen ...

Afrikanischer Tanz, Alternative Heilverfahren, Astronomie, Basketball, Bildhauerei, Buchbinden, Chor, Computer, Drachenbau, Eislaufen, Flirtkurs, Floristik, Gesangsunterricht, Hundeschule, Ikebana, Jonglieren, Kochen, Kalligraphie, Literaturkreis, Meditation, Meditatives Bogenschießen, Niederländisch, Ölmalerei, Philosophisches Café, Qi Gong, Restauration, Schmuckherstellung, Schreibwerkstatt, Segeln, Spielekreis, Theaterspielen, Töpfern, Vogelkunde, Walken, Yoga, Zen-Meditation ...

Immer wieder kann es vorkommen, dass persönliche Wünsche nicht realisierbar sind. Suchen Sie dann nach Alternativen und verwandten Bereichen, so dass Sie Ihren Träumen auf anderen Wegen nachgehen können. Dies kann ein einstündiger Workshop statt eines Zehn-Wochen-Kurses sein, der Besuch einer Modenschau statt eines Nähkurses, ein Bildband Ihrer Lieblingsberge statt der Teilnahme an einer Bergtour oder das Erlernen fremder Sprachen statt des Bereisens ferner Länder. Es gibt viele Wege, die entdeckt werden möchten! Finden Sie Ihre ganz persönlichen Wege, wie Sie trotz mancher Hindernisse Ihren Träumen nachgehen können.

Tipp:
Wenn Sie aufgrund mangelnder Kräfte oder anderer Einschränkungen Sorge haben, dass Sie beispielsweise ein Seminar nicht zu Ende führen können, sprechen Sie dies beim Kursleiter an. Die eigene Offenheit und Ehrlichkeit öffnet oftmals Türen und macht individuelle Regelungen möglich, die zuvor undenkbar erscheinen. Haben Sie den Mut, Ihre Bedürfnisse und Anliegen anzusprechen. Auch bei finanziellen Engpässen gibt es häufig gesonderte Regelungen, die eine Teilnahme ermöglichen. Fragen Sie danach!

Urlaubsfahrten

Urlaubszeit, Reisezeit. Wir alle befinden uns auf dem Weg zu unserer Seele – sozusagen eine Reise ins Innere. Doch ab und zu haben wir auch das Bedürfnis, in unserer äußeren Welt zu verreisen. Wir möchten aus den eigenen vier Wänden rauskommen, neue Eindrücke sammeln, abschalten und uns erholen. In Zeiten großer Ängste, Traurigkeit und Ähnlichem ist dies jedoch nicht immer einfach, und es kommt die Frage auf, wie wir trotz unserer seelischen Belastungen eine erholsame und schöne Urlaubszeit verbringen können.

Wie könnte eine angenehme Urlaubszeit für Sie aussehen? Was würden Sie gerne tun? Welche Bedürfnisse haben Sie?

Oftmals verknüpfen wir an einen Urlaub hohe Erwartungen. Wir möchten gut gelaunt, erholt und glücklich sein und unsere Sorgen vergessen. Doch wir fahren immer als ganzer Mensch in den Urlaub, mit allem, was uns ausmacht. Dazu gehören neben angenehmen Anteilen leider auch manche belastenden, wie Traurigkeit und Erschöpfung. Wenn wir uns dies von vornherein bewusst machen, können wir unsere Zeit so gestalten, dass sie uns wirklich guttut. Es ist daher hilfreich, sich möglichst ehrlich auf die eigenen Bedürfnisse und Befindlichkeiten einzulassen und diese von vornherein in die Planung mit einzubeziehen.

Wenn Sie mit anderen Menschen zusammen verreisen möchten, sprechen Sie mit diesen nach Möglichkeit über Ihre Bedürfnisse und eventuellen Einschränkungen (zum Beispiel regelmäßige Ruhezeiten, Zeit für sich alleine, keine Ausflüge). Tauschen Sie sich aus! Suchen Sie gemeinsam nach Lösungen und Kompromissen, wie für alle eine erholsame Urlaubszeit möglich wird. Je offener alle Beteiligten bereits bei der gemeinsamen Planung über Wünsche und Bedürfnisse sprechen, desto entspannter kann die Zeit vor Ort werden.

Anregung

Ortswechsel und Veränderungen im Tagesablauf können in Krisenzeiten mit Gefühlen der Angst und Unsicherheit verbunden sein. Stärken Sie Ihr Sicherheitsgefühl und Ihre Stabilität, indem Sie folgende Anregungen in Ihre Urlaubsplanung einbeziehen:

Bewusstmachung eigener Wünsche und Bedürfnisse

- Ruhe, Ablenkung, Gemeinschaft, Alleinsein, Rückzug, Freiraum, Abenteuer, Sport, besonderes Essen, medizinische Versorgung, festes Programm ...

Klärung der Rahmenbedingungen – Was tut gut?

- Reisepartner: alleine, Partner, Freunde, fremde Gruppe ...
- Entfernung: zu Hause bleiben, Wohnortnähe, Urlaub im eigenen Land ...
- Dauer: Wochenende, zwei Wochen, Urlaub jederzeit abbrechen können ...
- Unterkunft: Einzelzimmer, Apartment, Vollpension, Selbstverpflegung ...
- Transportmittel: Auto, Bus, Bahn, Flugzeug, Sitzplatzreservierung ...

Fortführung bewährter Strukturen und Hilfen des Alltags

- weiterhin zur gewohnten Zeit aufstehen, Ruhezeiten einhalten, regelmäßiges Essen, Telefonate mit Freunden führen, Yogaübungen machen, Mitnahme des Hobbyzubehörs (Lenkdrachen, Klarinette, Bastelsachen etc.), vertrauten Tagesablauf beibehalten ...

Mitnahme bewährter Hilfen zur Krisenbewältigung

- Entspannungs-CD, Tagebuch, Einschlafhilfen, Erinnerungsbrief (S. 36), Wohlfühlkiste (S. 60), hilfreiche Bücher oder Texte, Anleitung für Atemübungen, Sammlung guter Gedanken, Telefonnummern von Freunden/Therapeut, Heilmittel (Homöopathie, Bachblüten etc.), wohltuende Düfte ...

Neue Wege

Es gehört oft mehr Mut dazu, seine Meinung zu ändern, als ihr treu zu bleiben.
Friedrich Hebbel

Beim Beschreiten neuer Wege geht es oftmals um eine Veränderung bestehender Gewohnheiten. Viele unserer Gewohnheiten erleichtern uns das Leben und machen es schöner, doch hin und wieder entstehen über die Jahre auch Strukturen, mit denen wir uns nicht mehr wohlfühlen und die nicht mehr zu uns passen. Wir sind ihnen entwachsen.

Erleichtern Sie sich das Beschreiten neuer Wege, indem Sie zuvor Platz in Ihrem Leben schaffen. Überall dort, wo Sie bereit sind, sich von Altem zu trennen, kann Neues leichter Einlass finden. Schauen Sie sich in Ihrem Leben um: Wo gibt es Bereiche, in denen Sie das Gefühl haben, dass die Energie stockt? Wo verspüren Sie ein Bedürfnis nach Veränderung, Erneuerung? Welche Wünsche und Bedürfnisse nehmen Sie in sich wahr?

Gerade dann, wenn es sich um eine Veränderung langfristig gewachsener Strukturen handelt (Familie, Arbeitsplatz etc.), kann dies mit besonderen Herausforderungen verbunden sein. Gehen Sie kleinschrittig voran und holen Sie sich ggf. Hilfe hinzu, damit Sie Ihren Weg nicht alleine zu gehen brauchen, zum Beispiel einen Coach oder Therapeuten. Es tut gut, jemanden an seiner Seite zu wissen, der unterstützen und Mut machen kann, den eigenen Weg zu finden und zu gehen.

Anregung

Gibt es Strukturen oder auch Gewohnheiten in Ihrem Leben, die Sie verändern möchten? Welche Wege möchten Sie beschreiten?

Wie sieht mein Alltag aus?
Welche Strukturen habe ich mir geschaffen?
Sammeln Sie Ihre Gewohnheiten auf einem Blatt Papier, zum Beispiel zu den Themen: Schlafen, Essen, Freizeit, Freunde, Familie, Arbeit, Hobby, Urlaub, Partnerschaft.

Fühle ich mich immer noch wohl damit?
Markieren Sie jene Gewohnheiten, bei denen Sie eine Erneuerung wünschen bzw. mit denen Sie sich nicht mehr wohlfühlen.

Was könnte ich verändern?
Sammeln Sie spontan Ihre Einfälle: Was würden Sie gerne tun? Wie könnte eine Veränderung aussehen? Wie können Sie mehr Abwechslung, Freiraum, Freude etc. in Ihr Leben bringen? Welche Wünsche haben Sie? …

Vielleicht denken Sie bei neuen Wegen vornehmlich an die großen Veränderungen, wie Arbeitsplatzwechsel oder Beziehungsklärungen. Doch oftmals sind es gerade die kleinen Veränderungen, die das Gefühl vermitteln, sich selber ganz neu zu erfinden: ein neuer Kleidungsstil, jemanden zum Essen einladen, einen Liebesbrief schreiben, sich alleine in ein Café setzen oder zu einem Seminar anmelden … Schenken Sie sich die Freiheit, verschiedene Wege auszuprobieren und herauszufinden, in welche Richtung Sie gehen möchten. Haben Sie den Mut, Neuland zu betreten.

Schon kleine Veränderungen tun gut!
Gehen Sie neue Wege …
neues Restaurant besuchen, an einem Kochkurs teilnehmen, auf eine Annonce antworten, Stammtisch gründen, Städtetrip für ein Wochenende buchen, Urlaubstier versorgen, sympathische Menschen ansprechen, Vortrag anhören, neue Frisur oder Haarfarbe ausprobieren, mit einem Ehrenamt beginnen, abends ausgehen, Haushaltshilfe gönnen (Putzen, Babysitten etc.), sich selber einen Blumenstrauß kaufen, sich alleine zu einer Gruppenreise anmelden …

Netzwerk der Hilfe

Im Verlauf eines Heilungsprozesses ist es hilfreich, sich ein Netzwerk an Hilfen aufzubauen. Dabei gibt es nicht »die« Hilfe für alle, sondern »diese« und »jene« Hilfe für einen ganz bestimmten Menschen. Finden Sie heraus, was Ihnen persönlich guttut und womit Sie in Resonanz gehen. Spüren Sie Ihre Bedürfnisse auf seelischer, körperlicher und geistiger Ebene auf: Was brauchen Sie? Wer kann Sie in Ihrem Heilungsprozess unterstützen? Was benötigen Sie, um gut durch diese Zeit zu kommen? – Es gibt Helfer, die ...

... Mut machen, auffangen, trösten, ablenken und an Sie glauben.
... für Sie da sind, wenn es Ihnen nicht gut geht.
... Ihnen helfen, die Hintergründe für Ihre belastende Situation zu ergründen, zu verstehen und gemeinsam mit Ihnen nach Wegen suchen, wie Ihr Leben wieder leichter werden kann.
... Ihnen Kenntnisse, Techniken, Übungen und Hilfsmittel zur Bewältigung Ihrer Situation vermitteln können und Sie darin unterstützen, Ihre Fähigkeiten zu entdecken, zu fördern und zu entfalten.
... dabei helfen, körperliche Beschwerden zu heilen bzw. zu lindern.
... dabei helfen, den Körper zu entspannen und den Geist zu beruhigen.
... etc.

Anregung

Knüpfen Sie Ihr persönliches Netzwerk, das Sie auf Ihrem Weg begleitet, stärkt, unterstützt und auffängt. Empfehlenswert ist eine Mischung aus professionellen und privaten Helfern. Hier sind einige Beispiele:

Professionelle Unterstützung

❖ Kontakte zu Psychotherapeuten, um Ansprechpartner für psychisch-seelische Belange zu haben.

- Kontakte zu Ärzten/Therapeuten, um auf körperlicher Ebene Hilfe und Unterstützung zu erfahren, zum Beispiel Physiotherapie, Akupunktur, Osteopathie.
- Ergänzende Maßnahmen, die den gesamten Organismus unterstützen können: Homöopathie, Bachblüten …

Professionell-private Unterstützung

- Erlernen von Entspannungsverfahren und Übungen zur Beruhigung und Stärkung von Körper, Geist und Seele, wie Autogenes Training, Progressive Muskelentspannung, Qi Gong, Meditation, Yoga, Atemübungen.
- Teilnahme an einer Selbsthilfegruppe, Gespräche mit Gleichgesinnten.
- Teilnahme an speziellen Sportkursen, wie Herzsport, Diabetes, Rollstuhlfahrer.

Private Unterstützung

- Kontakte zu Freunden, Familienmitgliedern, Bekannten zum Reden, Ablenken etc.
- Anwendung persönlicher Ressourcen, wie die Ideen und Anregungen aus diesem Buch.
- Fortführung erlernter Techniken und Übungen der professionellen und der professionell-privaten Ebene.

Die Erstellung eines persönlichen Hilfsnetzwerks benötigt immer einige Zeit der Entwicklung, denn es gilt, verschiedene Menschen, Methoden und Hilfen kennenzulernen und für sich zu erproben. Seien Sie ganz beruhigt, wenn es bei Ihnen länger dauern sollte, bis sich ein Netzwerk herausgebildet hat, mit dem Sie sich wohl- und gut aufgehoben fühlen. Es ist ganz natürlich, dass dies nur schrittweise erfolgen kann. Im Übrigen ist es hilfreich, sich mehrere Standbeine aufzubauen, damit Sicherheit und Unterstützung auch dann fühlbar bleiben, wenn eine der gewählten Hilfen mal nicht zur Verfügung stehen sollte.

Nachwort: Professionelle Hilfe

Von Dr. med. G. Eschmann-Mehl und W. Dammann

Die vorherigen Kapitel haben Ihnen vielfältige Anregungen gegeben, wie Sie Ihren Alltag in schwierigen Zeiten bereichern und Ihre innere Mitte stärken können. Immer wieder kann es jedoch Phasen und Situationen im Leben geben, in denen man mit den Maßnahmen der Selbsthilfe an Grenzen gerät. Dann entsteht das Gefühl, dass sich keine grundlegende Veränderung des eigenen Befindens einstellt und die inneren Belastungen bestehen bleiben, sich nur geringfügig verändern oder sogar zunehmen. Dies kann der Fall sein, wenn seelische Belastungen vorliegen (wie Ängste, Traurigkeit, innerer Rückzug, Freudlosigkeit, innere Leere, Verzweiflung, Erschöpfung, Schwäche), körperliche Beschwerden auftreten (zum Beispiel Bluthochdruck, Verspannungen, Magen-Darm-Probleme, Herzdruck) oder eine schwierige, belastende Lebenssituation besteht. Oftmals wirken sich die Belastungen auch auf den Alltag aus, so dass Schlaf, Arbeit, Beziehungen u.a. beeinträchtigt werden können.

Machen Sie sich bewusst, dass Sie Ihren Weg in diesen Zeiten nicht alleine gehen müssen. Folgen Sie einem inneliegenden Wunsch nach Hilfe und haben Sie den Mut, sich Unterstützung zu holen. Sie haben dabei die Möglichkeit, sich an verschiedene Ansprechpartner zu wenden:

- Telefonseelsorge
- Gespräche mit (Haus-)Ärzten, Geistlichen, Seelsorgern
- Selbsthilfegruppen
- Beratungsstellen (zum Beispiel gemeinnützige Träger, eingetragene Vereine)
- Psychotherapeutische Hilfe (ab S. 165)
- Psychiatrische Ambulanzen
- Hilfen im akuten Notfall (s. S. 174)

⇨ Hilfreiche Kontaktdaten für Deutschland, Österreich und die Schweiz finden Sie auf S. 172 ff.

Psychotherapeutische Hilfe

Viele Menschen entscheiden sich für eine einzeltherapeutische Hilfe, wie dies in einer Psychotherapie möglich ist. Zu Anfang ist es dabei für die meisten Menschen eine große Überwindung, sich an einen Therapeuten zu wenden. Doch es lohnt sich, die Kraft und den Mut dafür zu mobilisieren; denn ist einmal ein passender Therapeut gefunden, können die vielen positiven Auswirkungen einer Psychotherapie erfahren werden:

Linderung	–	mit Sorgen, Nöten, Unsicherheiten nicht mehr alleine sein
Erleichterung	–	»Ich bin gut, so wie ich bin – mit allen Stärken und Schwächen!«
Annahme	–	Wertschätzung und Verständnis erfahren
Entlastung	–	ernst genommen werden, Begleitung und Unterstützung erfahren
Sicherheit	–	Vertrauen entwickeln, von Belastungen erzählen können
Zeit	–	Zeit für sich, Zeit zum Reden
Hilfe	–	gemeinsam Möglichkeiten der Veränderung entwickeln
Veränderung	–	neue Wege entdecken und beschreiten, innerlich wachsen

Die nachfolgenden Ausführungen zur Psychotherapie beziehen sich auf die Bedingungen in Deutschland. Adressen zur weiteren Information für Österreich und die Schweiz finden Sie auf S. 172 ff.

Welche Therapieverfahren gibt es?

Drei psychotherapeutische Grundrichtungen werden von allen Krankenkassen anerkannt:

Analytische Psychotherapie/Psychoanalyse

Grundgedanke: Ursachen für Probleme in der Gegenwart liegen in Kindheit und Jugend begründet, wobei den unbewussten Anteilen eine besonders große Bedeutung beigemessen wird (zum Beispiel verdrängte Gefühle, Wünsche). Der Klient soll durch selbstständige Analyse die Ursachen aufspüren, aufarbeiten und so zu einer Veränderung seines Verhaltens finden. Der Therapeut ist eher passiver Wegbegleiter und hält sich mit Anregungen und Impulsen zurück. Grundtendenz: vergangenheitsbezogen.

Therapiesitzungen: ca. zwei bis drei Sitzungen pro Woche, teilweise im Liegen, eher Langzeittherapien

Tiefenpsychologisch fundierte Psychotherapie

Grundgedanke: Einem aktuellen Problem liegt eine nicht oder nur unvollständig verarbeitete Erfahrung – meist aus Kindheit oder Jugend – zugrunde, deren Aufarbeitung helfen soll, einen neuen Umgang mit dem aktuellen Problem zu finden. Über Gespräche werden Zusammenhänge bewusst gemacht, frühere Erlebnisse aufgearbeitet und neue Verhaltens- und Erlebensmuster eingeleitet. Der Therapeut nimmt eine neutrale, aber aktive Position ein, gibt Impulse und Anregungen. Grundtendenz: gegenwartsbezogen.

Therapiesitzungen: ca. eine Sitzung pro Woche oder weniger, Kurz- bis Langzeittherapien

Verhaltenstherapie

Grundgedanke: Ein aktuelles Problem konfrontiert einen Menschen mit einer Situation, für die er noch keine angemessenen Verhaltensmuster erlernt hat. In der Therapie lernt der Klient entsprechende Handlungsmöglichkeiten kennen, die ihn dazu befähigen sollen, die sich ihm stellenden Herausforderungen zu bewältigen. Dabei können die Ursachen für Probleme ergründet und aufgearbeitet werden, dies ist aber nicht unbedingt erforderlich. Der Therapeut nimmt eine aktive, lenkende Funktion ein. Grundtendenz: zukunftsbezogen.

Therapiesitzungen: ca. eine Sitzung pro Woche oder weniger, eher Kurzzeittherapien

Neben den klassischen Verfahren gibt es eine Vielzahl von alternativen Therapieverfahren (Körper-, Kunst-, Musiktherapie etc.), die von den Krankenkassen jedoch nicht als Regelleistungen anerkannt werden. Vor Therapiebeginn empfiehlt sich daher die Abklärung der Kosten. Manchmal kann es hilfreich sein, eine Therapie mit einer medikamentösen Behandlung zu unterstützen, beispielsweise wenn nicht mit einer schnellen Änderung der Befindlichkeit zu rechnen ist und eine seelische Entlastung gewünscht wird oder angeraten ist. Diese sollte in beiderseitigem Einvernehmen von Arzt und Klient geschehen.

Hinweis:
Wenn Sie wissen, dass Sie ein Trauma erlebt haben, ist es bedeutsam, dass Sie sich einen Therapeuten suchen, der sich in einem Traumatherapieverfahren hat ausbilden lassen und der über Erfahrung in der Behandlung von Traumata verfügt. Hilfreiche Adressen finden Sie auf S. 175 ff.

Welche Therapeuten gibt es?

Alle gesetzlichen und auch die meisten privaten Krankenkassen erkennen sowohl ärztliche als auch psychologische Psychotherapeuten an und übernehmen die Kosten für eine Therapie; bei gesetzlich Versicherten ist die Kassenzulassung eines Therapeuten ausschlaggebend. Heilpraktiker für Psychotherapie werden in der Regel von keiner Krankenkasse anerkannt, so dass die Kosten meist selbst getragen werden müssen. Auskünfte über Ausnahmeregelungen erteilen die Krankenkassen.

Ärztliche Psychotherapeuten erkennen Sie an der Zusatzbezeichnung »Psychotherapie« oder an den Facharzttiteln »Psychosomatische Medizin und Psychotherapie«, »Psychotherapeutische Medizin« sowie »Psychiatrie und Psychotherapie«. Bei psychologischen Psychotherapeuten und Heilpraktikern für Psychotherapie beziehen sich die Fachbezeichnungen häufig auf das jeweilige Verfahren oder Fachgebiet, in dem sie schwerpunktmäßig arbeiten, zum Beispiel »Psychologischer

Psychotherapeut: Verhaltenstherapie, Psychoonkologie, Paarberatung« oder »HP Psychotherapie: Körpertherapie, Gestalttherapie, Coaching«.

Adressen von Psychotherapeuten finden Sie über ...

- persönliche Empfehlungen
- (Haus-)Ärzte
- Gelbe Seiten, Telefonbuch, Internet
- Krankenkassen
- Therapeutensuchdienste (S. 172 ff.)
- Selbsthilfegruppen (S. 173 f.)

Kontaktaufnahme mit einem Psychotherapeuten

Sobald Sie einige Adressen von Psychotherapeuten ausfindig gemacht haben, können Sie sich um eine Kontaktaufnahme bemühen. Dabei können Sie sich, je nach Krankenkassenvorgabe, direkt an einen Psychotherapeuten Ihrer Wahl wenden oder dies mittels einer Überweisung tun. Informationen darüber, welche notwendigen Schritte Sie zu beachten haben, erteilt Ihnen sowohl Ihre Krankenkasse als auch jeder Psychotherapeut.

Die erste Kontaktaufnahme mit einem Psychotherapeuten erfolgt üblicherweise telefonisch. Es kann sein, dass Sie dabei zunächst nur einen Anrufbeantworter erreichen, da sich der Therapeut möglicherweise in einem Gespräch befindet. Wenn Sie mögen, hinterlassen Sie eine Nachricht und bitten Sie um Rückruf oder versuchen Sie es später noch mal. Weitere Hinweise und Hilfen zum Erstkontakt finden Sie auf S. 170 f.

Probesitzungen (Probatorische Sitzungen)

Alle Krankenkassen gewähren mindestens fünf Probesitzungen, in denen Sie einen Therapeuten und seine Arbeitsweise zunächst kennenlernen können. Es kann hilfreich sein, die Probesitzungen auf mehrere Therapeuten zu verteilen, damit Sie sich ein Bild von verschiedenen Situationen machen können. Erst nach Ablauf dieser Probesitzungen müssen Sie sich entscheiden, ob und bei wem Sie eine Psychotherapie beginnen möchten.

Oftmals ist es nicht der erste Therapeut, der zu einem passt, sondern vielleicht der dritte oder vierte. Haben Sie daher den Mut, bei verschiedenen Therapeuten Termine zu vereinbaren! Vielleicht gibt ein Therapeut auch Kurse, Workshops oder hält Vorträge, so dass Sie sich auch auf diesem Weg ein Bild von ihm machen können.

Entscheidungsfindung

Neben der fachlichen Ausrichtung eines Therapeuten spielt auch der zwischenmenschliche Kontakt eine große Rolle. Ist eine vertrauensvolle Basis vorhanden, unterstützt dies den Therapieerfolg wesentlich! Entscheiden Sie sich daher für einen Therapeuten, bei dem Sie sich sowohl fachlich als auch menschlich wohl- und gut aufgehoben fühlen. Bei der Entscheidungsfindung helfen Ihnen auch folgende Fragen:

- Fühlen Sie sich mit Ihren Sorgen und Nöten gesehen und verstanden?
- Haben Sie das Gefühl, ernst genommen zu werden?
- Können Sie sich vorstellen, sich dem Therapeuten gegenüber zu öffnen und anzuvertrauen?
- Haben Sie das Gefühl, alles fragen und erzählen zu können, was Ihnen wichtig ist?

Lassen Sie sich von der oft langwierigen Suche nach einem Therapeuten nicht entmutigen! Beginnen Sie ruhig früh mit Ihrer Suche und warten Sie nicht, bis Ihre Belastungen und der innere Druck bereits ins Unermessliche steigen. Je früher Sie sich um Hilfe bemühen, desto leichter fällt es, eventuelle Wartezeiten zu überbrücken.

Wartezeiten und -listen

Einige Psychotherapeuten führen Wartelisten für einen Therapieplatz. Mitunter kann es dabei zu einer Wartezeit von mehreren Monaten kommen. Wenn Sie möchten, lassen Sie sich ruhig auf mehrere Wartelisten setzen. So schaffen Sie sich verschiedene Möglichkeiten, mit einer Therapie beginnen zu können. Ein Erstgespräch ist in der Regel schon früher möglich.

Erstkontakt

Vor einem ersten Kontakt am Telefon ist es hilfreich, sich die eigenen, noch offen stehenden Fragen bewusst zu machen. Es bietet sich an, die Rahmenbedingungen bereits vor der ersten Probesitzung abzuklären, da auf diese Weise der ein oder andere Therapeut bereits ausgeschlossen und die Therapeutensuche weiter eingegrenzt werden kann:

Fragen zu den Rahmenbedingungen

- Rechnet der Therapeut mit der Krankenkasse ab oder muss die Therapie privat gezahlt werden?
- Wie arbeitet der Therapeut? Wie verläuft eine Therapiestunde? (Verfahren, Methoden, Ablauf)
- Welchen beruflichen Hintergrund hat der Therapeut? Hat er sich auf ein bestimmtes Fachgebiet spezialisiert (zum Beispiel Ängste, Depressionen, spezielle Erkrankungen/Traumata)? Hat der Therapeut Erfahrung in der Behandlung Ihres Themas?
- Verfügt der Therapeut über Kenntnisse und Erfahrungen in speziellen Verfahren oder Methoden, die Ihnen persönlich wichtig sind? Hat er bereits viel damit gearbeitet?
- Kann Ihnen der Therapeut eine Probesitzung anbieten? Wann?
- Wann wäre ein Therapiebeginn möglich? Gibt es eine Warteliste für einen Therapieplatz?

Haben Sie noch weitere Fragen, die Sie gerne geklärt hätten? Fragen Sie nach allem, was Ihnen auf dem Herzen liegt! Jeder gute Therapeut wird Ihnen gerne und offen darauf antworten. Darüber hinaus ist es hilfreich, wenn Sie sich auch über Ihre eigene Situation Gedanken machen:

Persönliche Situation

Viele Therapeuten fragen bereits bei einem ersten Telefongespräch nach den persönlichen Gründen für eine Therapie. Es ist sinnvoll, die eigene Situation in wenigen Sätzen kurz zu schildern (Thema, persönliche Belastung), damit der Therapeut einen ersten Eindruck davon bekommt. Dabei können Sie die Dringlichkeit Ihres Anliegens deutlich machen, indem Sie zum Beispiel von persönlichen Einschränkungen oder Belastungen im Alltag berichten. So kann Ihnen der Therapeut einen zeitigen Termin anbieten oder, falls dies nicht möglich ist, Sie auf andere Hilfen verweisen.

So fällt der erste Telefonanruf leichter …

- Legen Sie sich einige Stichworte zurecht, was Sie den Therapeuten fragen und von sich erzählen möchten (s. S. 170 f.).
- Wenn Sie möchten, überlegen Sie sich einen Gesprächsbeginn, wie: »Ich interessiere mich für eine Psychotherapie …«, »Ich brauche Hilfe …«, »Ich bin jetzt so nervös, dass ich gar nicht weiß, wie ich anfangen kann. Können Sie mir bitte helfen?«, »Ich habe Ihre Nummer von …«, »Ich habe ein Problem und hoffe, dass Sie mir helfen können.«, »Es geht mir schon längere Zeit nicht gut, und ich glaube, dass ich Hilfe brauche …«
- Halten Sie mehrere Adressen von Psychotherapeuten bereit, damit Sie bei Bedarf (Besetztzeichen, lange Warteliste etc.) gleich den nächsten Anruf wagen können!
- Falls ein Anrufbeantworter angeht, hinterlassen Sie gegebenenfalls eine Rückrufbitte (»Ich interessiere mich für eine Psychotherapie und bitte um Rückruf.«). So haben Sie schon den ersten Schritt geschafft.
- Wenn Sie möchten, holen Sie sich zur Unterstützung beispielsweise eine Freundin hinzu. Auch ein Telefonat mit ihr kurz vorher und hinterher kann guttun. So können Sie sich Mut zusprechen lassen und das Erlebte mitteilen.

Hilfreiche Adressen

	Deutschland	Österreich	Schweiz
Telefonhilfe → 24 Std., anonym, kostenlos (CH: geringe Telefonkosten)	Telefonseelsorge Tel. 0800 111 0 111/ 0800 111 0 222	Telefonseelsorge Tel. 142	Die dargebotene Hand Tel. 143
Onlineberatung → keine akute Notfallhilfe, da Antwort ca. drei Tage dauert	Telefonseelsorge http://www.telefonseelsorge.de	Telefonseelsorge http://www.telefonseelsorge.at	Die dargebotene Hand http://www.143.ch
Ärzte-Vereinigungen → Therapeuten-suchlisten	Landesärztekammern (über BÄK) http://www.bundesaerztekammer.de Kassenärztliche Bundesvereinigung (KBV) http://www.kbv.de	Österreichische Ärztekammer (ÖÄK) http://www.aerztekammer.at	Verbindung der Schweizer Ärztinnen und Ärzte (FMH) http://www.fmh.ch

	Deutschland	Österreich	Schweiz
Psychologen- und Psychotherapeuten-Vereinigungen → Therapeuten-suchlisten → weitere Informationen zur Psychotherapie	BundesPsychotherapeuten-Kammer (BPtK) http://www.bptk.de Psychotherapie-Informationsdienst (PID) http://www.psychotherapiesuche.de	Berufsverband Österreichischer PsychologInnen (BÖP) http://www.boep.or.at bzw. http://www.psychnet.at Österreichischer Bundesverband für Psychotherapie (ÖBVP) http://www.psychotherapie.at	Förderation der Schweizer Psychologinnen und Psychologen (FSP) http://www.psychologie.ch Assoziation Schweizer Psychotherapeutinnen und Psychotherapeuten (ASP) http://www.psychotherapie.ch
Selbsthilfegruppen	Nationale Kontakt- und Informationsstelle zur Anregung und Unterstützung von Selbsthilfegruppen (NAKOS) http://www.nakos.de	Selbsthilfe http://www.selbsthilfe.at	Stiftung KOSCH – Dachorganisation der regionalen Kontaktstellen für Selbsthilfegruppen in der Schweiz http://www.kosch.ch
	Regionale Selbsthilfegruppen Adressen zum Beispiel über gemeinnützige Träger, Kliniken, Beratungsstellen, Ärzte, Therapeuten, Krankenkassen, Ärztekammern, »Gelbe Seiten«/Branchenbuch		

Hilfreiche Adressen

	Deutschland	Österreich	Schweiz
Weitere Hilfen bei der Suche nach Therapeuten und Selbsthilfegruppen	gemeinnützige Träger (Caritas etc.), eingetragene Vereine und Stiftungen, Krankenkassen, psychosoziale Beratungsstellen, sozialpsychiatrische Dienste und Krisenzentren		
Sozialpsychiatrische Dienste und Krisenzentren	Adressen und Telefonnummern zum Beispiel über Gesundheitsamt, Selbsthilfezentren, Internet		

Hilfen im Notfall

Akut ist immer Hilfe möglich! Wenden Sie sich zum Beispiel an folgende Stellen:

- ☒ Ärztlicher Notdienst (Telefonnummer über Telefonauskunft/Internet)
- ☒ nächstgelegene psychiatrische Klinik: diensthabenden Arzt ansprechen oder direkt zu einer Klinik fahren (Telefonnummer über Telefonauskunft/Internet)
- ☒ Telefonseelsorge (s. obige Tabelle)
- ☒ zusätzlich in Deutschland: Sozialpsychiatrischer Dienst der Stadt (Telefonnummer über das Gesundheitsamt der Stadt; Anonymität möglich)

Traumatherapieverfahren – Ausgewählte Suchformate für Traumatherapeuten

	Deutschland	Österreich	Schweiz
Eye-Movement-Desensitization and Reprocessing (EMDR)	EMDRIA Deutschland e.V. http://www.emdria.de	EMDR Netzwerk Österreich http://www.emdr-netzwerk.at	EMDR Schweiz http://www.emdr-ch.org
Somatic Experiencing (SE)	Somatic Experiencing Deutschland e.V. http://www.somatic-experiencing.de	Somatic Experiencing (SE) – Austria http://www.somaticexperiencing.at	SE Schweiz http://www.se-ch.com
Psychodynamisch imaginative Traumatherapie (PITT)	Therapeutenliste noch nicht allgemein zugänglich, Informationen über das Verfahren über: http://www.luise-reddemann.info		
Weitere Suchmöglichkeiten	Deutschsprachige Gesellschaft für Psychotraumatologie (DeGPT) http://www.degpt.de; länderübergreifendes Verzeichnis qualifizierter Psychotherapeuten, die auf die Behandlung von Traumafolgestörungen spezialisiert sind		

Weitere empfehlenswerte Links
http://www.kompetenznetz-depression.de
http://www.depression.at

Empfehlenswerte Bücher & CDs

Bücher

Fahrnow, Ilse-Maria: Die Heilkraft Ihrer Hände. Selbsthilfe mit Jin Shin Jyutsu® bei häufigen Krankheiten und Beschwerden. Mit zahlreichen Abbildungen. München: Knaur Verlag, 2004. • *Hilfreiche Übungen aus dem Japanischen Heilströmen bei physischen und psychischen Beschwerden. Ein gutes Nachschlagewerk.*

Fischer-Reska, Hannelore: Meridiangymnastik. In: ebd.: Das Heilzonen Buch. Ganzheitliche Selbstbehandlung mit Energiemedizin. Die besten Methoden der Naturheilkunde optimal kombiniert. München: Gräfe und Unzer Verlag GmbH, 4. Auflage 2004, S. 157–165. • *16 wohltuende und leicht durchzuführende Körperübungen zur Harmonisierung des Energieflusses im Meridiansystem.*

Ingermann, Sandra: Auf der Suche nach der verlorenen Seele. Der schamanische Weg zur inneren Ganzheit. München: Ullstein Taschenbuch, 2. Auflage 2005. • *S. Ingermann vermittelt das Verständnis und die Sichtweise von Traumata aus schamanischer Sicht, mit zahlreichen Beispielen aus der schamanischtherapeutischen Praxis.*

Kübler-Ross, Elisabeth: Über den Tod und das Leben danach. Güllesheim: Verlag »Die Silberschnur« GmbH, 36. Auflage 2007. • *Ein mutmachendes Buch über den Tod und das Leben danach. Wissenschaftlich und spirituell zugleich.*

Levine, Peter: Trauma-Heilung. Das Erwachen des Tigers. Unsere Fähigkeit, traumatische Erfahrungen zu transformieren. Essen: Synthesis Verlag, 1998. • *Traumata können sanft geheilt werden – das ist die Botschaft dieses Buches. P. Levine erläutert anschaulich und umfangreich die Entstehung und Behandlung von Traumata auf Grundlage des somatischen*

Erlebens (Somatic Experiencing®). Mit Übungen und zahlreichen Beispielen aus der Praxis.

Piontek, Rosemarie: Mut zur Veränderung. Methoden und Möglichkeiten der Psychotherapie. Bonn: BALANCE buch + medien verlag GmbH & Co. KG, 1. Auflage 2009. • *Hilfreicher Ratgeber für Menschen, die sich intensiv mit der Frage auseinandersetzen möchten, ob und welche Therapie geeignet sein könnte.*

Rothschild, Babette: Der Körper erinnert sich. Die Psychophysiologie des Traumas und der Traumabehandlung. Essen: Synthesis Verlag, 2002. • *Anschauliche und umfangreiche Erklärung der körperlich-seelischen Zusammenhänge bei Traumata sowie detaillierte Erläuterungen und Einblicke in die körpertherapeutische Arbeit. Mit Übungen und zahlreichen Praxisbeispielen.*

Servan-Schreiber, David: Die neue Medizin der Emotionen. Stress, Angst und Depression: Gesund werden ohne Medikamente. München: Verlag Antje Kunstmann GmbH, 2004. • *D. Servan-Schreiber, Psychiater und Neurologe, stellt verschiedene Methoden vor, die die Selbstheilungskräfte mobilisieren.*

Trickett, Shirley: Angstzustände und Panikattacken erfolgreich meistern. München: Wilhelm Goldmann Verlag, 3. Auflage 2002. • *S. Trickett beleuchtet ausschließlich physische Ursachen von Angst und Panik und stellt körperbezogene Hilfen vor, wie zum Beispiel Atmung, Ernährung, Muskelentspannung.*

van Vliet, Elma: Mama, erzähl mal! Das Erinnerungsalbum deines Lebens. München: Knaur Verlag, 2007. • *Ein persönliches Geschenkbuch zum Ausfüllen für die eigene Mutter mit vorgegebenen Fragen zu deren Kindheit, Jugend, besonderen Erlebnissen etc. Es entsteht eine wahre Schatztruhe an Erinne-*

rungen und Fotos. Mittlerweile auch mit weiteren Titeln erschienen, wie »Papa, erzähl mal!« und »Oma, erzähl mal!«.

Walsch, Neale Donald: Gespräche mit Gott. Band 1–3. München: Wilhelm Goldmann Verlag, 2006–2008. • *Trilogie über die tiefen Zusammenhänge des Lebens. Die Bücher beantworten viele Fragen zum »Warum« und »Wie« des Lebens und offenbaren neue, wohltuende Sichtweisen. Keine Bücher zum schnellen Durchlesen, sondern eher zum konzentrierten Lesen und Nachdenken.*

CDs

Hay, Louise L.: Liebe statt Angst. Meditationen gesprochen von Louise L. Hay mit Musik und deutscher Übersetzung. Hamburg: Allegria Hörbuch Hamburg Verlag Margrit Osterwold, 2004. • *Impulse und Affirmationen für eine positive Ausrichtung der Gedanken, je 25 Minuten in englischer und deutscher Sprache.*

Hölker, Dr. med. Ralf Maria: Wege in die Entspannung + Gesunder Schlaf. Die wirksamsten Entspannungsmethoden zur täglichen Anwendung. Atementspannung, Muskelentspannung, Visualisierung, Phantasiereisen. Köln: Kölner Institut für Stressverminderung, 2007. • *Umfangreiche CD mit angenehmer, ruhiger Sprecherstimme, die genügend Zeit lässt, um den Anweisungen zu folgen. Fördert das Ein- und Durchschlafen.*

Klinikum der Philipps-Universität Marburg: Vita Musica. Selbstentspannung mit der heilsamen Kraft der Musik. 2002. (erhältlich über http://www.vita-musica.de) • *Für Glaukom-Patienten entwickelte Musik-Therapie, die in Kombination von Sinustönen und Musik zur Entspannung führt. Für eine optimale Wirkung sollte die Musik möglichst regelmäßig und über Kopfhörer gehört werden.*

Noll, Shaina: Songs for the inner child. Singing He (Silenzio), 2000. • *Lieder für das innere Kind. Heilende Botschaften, die den Kontakt zum inneren Kind stärken – es trösten, halten, beruhigen, wiegen, lieben.*

Kontakt Wanda Dammann:
www.wasmirguttut.de